NUTZHÖLZER

Das neue kompakte Bestimmungsbuch

NUTZHÖLZER

Das neue kompakte Bestimmungsbuch

Aidan Walker

KÖNEMANN

This book was designed and produced by
Quintet Publishing Limited
6 Blundell Street
London N7 9Bh

Danksagungen:
Der Inhalt dieses Buches wurde mit freundlicher Genehmigung dem Buch *The Encyclopedia of Wood* von Aidan Walker entnommen.
Der Verlag dankt Ken Southall, Mitglied im britischen Verband der *International Wood Collector's Society*, für die freundliche Genehmigung zur Veröffentlichung folgender Aufnahmen: 16(o), 18, 19(u), 21(u), 22(o), 28(o), 31(u), 32(u), 40(u), 42(o), 44(u), 45(o), 47(u), 48(u), 49, 50(u), 56(u), 61(o), 62(u), 65(u), 71(o), 78(o).

Original title: Identifying Wood

Könemann Verlagsgesellschaft mbH
Bonner Str. 126, D-50968 Köln
Übersetzung aus dem Englischen:
Wolfgang Beuchelt
Redaktion und Satz der deutschen Ausgabe:
Schulz Bild & Text, Freiburg
Druck und Bindung: Sing Cheong Printing Co., Ltd.
Printed in Hongkong, China

ISBN 3-8290-1302-7

10 9 8 7 6 5 4 3 2 1

Inhalt

Einleitung

OBEN: *Diese außergewöhnliche Schüssel entstand aus einem einzigen Stück Holz.*

Unter all den Werkstoffen, auf die der Mensch im Alltag trifft, ist Holz möglicherweise der einzige, der alle fünf Sinne zugleich anspricht. Holz ist sowohl im unbearbeiteten Rohzustand als auch als fertiges Werkstück schön anzusehen. Es wird häufig wegen seiner aromatischen Eigenschaften verwendet. In Gestalt von Musikinstrumenten wird Holz ‚hörbar'. Die Arbeit eines Künstlers oder Handwerkers schmeichelt wiederum dem Tastsinn. Der Geschmackssinn fällt den meisten Menschen im Zusammenhang mit Holz zwar nur selten ein – jedoch gelangen Weine, Spirituosen, Saucen und andere Lebensmittel oftmals in hölzernen Fässern zur Reife.

Das Herzstück dieses Buches ist das **Bestimmungsverzeichnis für Nutzhölzer** auf den Seiten 15–79. In alphabetischer Reihenfolge werden nach dem botanischen Namen geordnet knapp 130 verschiedene Holzarten vorgestellt. Viele Hölzer verfügen über mehrere Handelsbezeichnungen, aber immer nur über einen botanischen (lateinischen) Namen. Die Handelsnamen sind im **Register** auf Seite 80 zusammengefaßt.

Die Eigenschaften jeder Holzart werden nicht allein in Wort und Bild erfaßt. Anhand einer Nummernskala kann auf einen Blick festgestellt werden, welche Holzart sich für welchen Zweck eignet – ob zum Möbelbau, für das Kunsthandwerk oder einfach ‚nur' für ein Baumhaus. Mit diesem Buch wird es jedem leichtfallen, die geeignete Holzart zu finden.

Die Welt des Holzes

Ohne Bäume wäre die Welt unvorstellbar. Zum einen war und ist das Holz für den Menschen eine unverzichtbare Grundlage für die unterschiedlichsten Bereiche – angefangen von den ersten Behausungen, Werkzeugen und Waffen über See- und Landfahrzeuge der verschiedenen Jahrhunderte bis hin zu modernen Gebäuden, Kunstwerken und Gebrauchsgegenständen des heutigen Alltags. Zum anderen bieten Bäume und Wälder vielfältige Lebensräume für Flora und Fauna. Nicht weniger wichtig ist die Rolle der Wälder zusammen mit den Ozeanen als Lunge unseres Planeten: Durch Aufnahme und Abgabe von Feuchtigkeit regulieren sie das Klima.

Bäume nehmen in zahlreichen Kulturen der Erde einen großen Stellenwert ein. Viele Völker glaubten, daß Bäume über eine Seele verfügen. Unzählige Sagen und Legenden ranken sich sprichwörtlich um Stamm und Äste: So steht die Esche Yggdrasil im Mittelpunkt einer Sage aus der nordischen Mythologie, während man bei den alten Griechen glaubte, daß die Nymphen zum Angedenken gefallener Helden Ulmen pflanzten.

Unter den Lebensformen der Erde verfügen Bäume über die längste Lebensspanne. Ältester lebender Zeitzeuge ist eine 5000 Jahre alte Grannenkiefer (*Pinus longeava*) in den White Mountains von Kalifornien, die noch ein kleiner Setzling war, als die alten Ägypter ihre Pyramiden errichteten. Bäume sind darüber hinaus auch noch die schwersten Lebewesen.

Die Nadelbäume, die als Weichhölzer bezeichnet werden, entwickelten sich vor 275 Millionen Jahren und bedeckten einst zwei Drittel der Erdoberfläche. Die breitblättrigen, blühenden und fruchttragenden Laubbäume – Harthölzer genannt – traten erst etwa 140 Millionen Jahre nach den

OBEN: *Dieser extravagante Designerstuhl wurde aus gebleichtem Eichenholz gefertigt.*

Nadelhölzern auf. Der Großteil des weltweit geschlagenen Nutzholzes besteht aus Nadelbäumen.

OBEN: *Ein weiteres schönes Beispiel für die Verwendung von Holz.*

Faser, Textur und Duft

Jeder hat schon einmal die Wachstumsringe an der Schnittfläche eines frisch geschlagenen Baumes gesehen. Wenn der Zellsaft im Frühjahr aufsteigt und, in gemäßigten Breiten, im Herbst seinen Fluß einstellt, führt dieser unterbrochene Wachstumszyklus zu einer deutlichen Schichtenbildung des Holzes. Dies nennt man einen Wachstumsring. Da kalte Winter oder periodisch auftretende Trockenperioden den Wachstumszyklus unterbrechen, sind diese Ringe keine ‚Jahresringe', anhand derer man das Alter des Baumes ablesen könnte. In den Tropen kann das Wachstum ungehemmt verlaufen, so daß das Holz unter Umständen vollständig frei von Wachstumsringen scheint.

Jeder Wachstumsring verfügt über zwei unterschiedliche Zonen. Schnellwachsende Frühholzzellen, die im Frühjahr entstehen, haben dünne Zellwände und große Hohlräume, während im Sommer entstehende, langsamer wachsende Spätholzzellen kleinere Hohlräume mit dickeren Zellwänden aufweisen. Der Kontrast zwischen hellen Frühholz- und dunkleren Spätholzringen gibt bereits erste Hinweise zur Bestimmung der Holzart.

Wenn von der schönen Maserung des Holzes die Rede ist, ist meist das Muster auf der Schnittfläche eines Stammabschnitts gemeint, die sogenannte Textur oder Zeichnung. Die Textur wird durch die Abfolge von Früh- und Spätholzzellen bestimmt. Der natürliche Wuchs der Holzfasern zur Hauptachse des Stammes und die bei der Bearbeitung unterschiedlich angeschnittenen Holzgewebe führen zu unterschiedlich ausgeprägten Texturen. So wird von einer gespiegelten Textur gesprochen, wenn die Holzfasern nicht parallel sondern quer zur Hauptachse des Stammes verlaufen. Mit einer gewellten Textur ist ein mittel- bis kurzwelliger Faserverlauf gemeint. Daneben sind auch noch Wirbel-, Dreh-,

OBEN: *Zeitgenössischer Sekretär mit passendem Hocker.*

Diagonal- und Wechseldrehwuchs zu finden. Ebenfalls im Zusammenhang mit der Textur steht die Fähigkeit der Holzzellen, Licht zu reflektieren: Glatte, feintexturierte Hölzer verfügen über einen stärkeren Glanz als solche mit grober Textur.

Jedes Holz duftet anders. Harzhaltige Kiefern verfügen über einen starken natürlichen Duft. Zu den intensiv duftenden Hölzern zählt auch Kampferholz, das zur Auskleidung von Schränken verwendet wird und – wie im übrigen auch Zedernholz – Insekten aus den Kleidern fernhält.

Die Wälder der Erde

Nadelwälder findet man knapp unter den Polregionen, in gemäßigten Breiten und bis in den mediterranen Raum hinein. Die nordamerikanische Pechkiefer beispielsweise überlebt den Winter, indem sie den Flüssigkeitsverlust mit ihren langen nadelförmigen Blättern mit kleiner Oberfläche gering hält.

Sommergrüne Laubwälder bestehen aus breitblättrigen Bäumen, die sich über die gemäßigten Zonen Amerikas, Europas und Asiens erstrecken. Eiche, Buche, Esche, Birke und Ahorn kommen in reinen oder gemischten Beständen in den meisten nördlichen Regionen vor.

Hartlaubgehölze mit Winterregen liegen südlich der gemäßigten Breiten und bestehen aus Mischwäldern mit Nadel- und immergrünen Laubbäumen.

Regengrüne Wälder gedeihen unterhalb der gemäßigten Zonen in den subtropischen Gebieten in Zentral- und Südamerika, Europa, Zentral- und Westafrika, Indien, Asien, Südafrika und Süd- und Westaustralien. Jedes Gebiet verfügt über seine eigenen charakteristischen Waldarten, die eher der sommerlichen Dürre widerstehen, als der winterlichen Kälte.

Trockene Gehölze, auch als Savannenwälder bezeichnet, sind in Nordamerika zu finden, wo es ergiebige Niederschläge gibt: auf den offenen Prärien Kanadas, östlich der Rocky Mountains und auf den Ebenen der Vereinigten Staaten bis hinunter zum Golf von Mexiko.

Immergrüne Regenwälder existieren in Südamerika, West-, Zentral- und Ostafrika und von Indien, Malaysia und Indonesien über Südostasien bis nach Papua Neuguinea. Tropische Regenwälder sind außerordentlich fruchtbar und für das Ökosystem der Erde unverzichtbar. Kennzeichnend ist die außerordentliche Vielfalt von Hunderten von Spezies pro Quadratkilometer.

Gemischte Hartholz- und Nadelwälder findet man in der nördlichen gemäßigten Zone. Generell gilt: Weiter nördlich herrschen Nadelhölzer vor, während in den südlichen Regionen vermehrt Laubbäume wachsen.

Konvertierung

Bevor frisch geschlagenes Holz verarbeitet werden kann, muß es vom Rohzustand in eine bearbeitungsfähige Form gebracht werden. Dieser als Konvertierung bezeichnete Vorgang umfaßt in der Regel das Zurechtschneiden, Einstufen, Trocknen und Imprägnieren.

Das Rohholz wird für gewöhnlich so geschnitten, daß die maximale Anzahl an Brettern herauskommt. Die Art des Zurechtschneidens bestimmt nicht nur, wieviel brauchbares Holz man aus einem Stamm gewinnt, sondern auch, wie die Bretter Feuchtigkeit aufnehmen und abgeben und somit quellen oder schwinden.

Quer geschnittenes Holz ist unökonomischer. Auf diese Weise entstehen die zwar breitesten, aber auch instabilsten Bretter. Der Radialschnitt ist weniger effektiv, bringt aber die stabilsten Bretter hervor.

Holz wird nach seinem Verwendungszweck eingestuft. Während bei der Möbelherstellung das Erscheinungsbild vorrangig ist, wird im Baugewerbe mehr Wert auf Stabilität gelegt.

Holz ‚arbeitet'. Aufgrund seiner hydroskopischen Eigenschaft strebt Holz mit der Luft immer ein Feuchtegleichgewicht an. Zu trockenes Holz nimmt die Luftfeuchtigkeit auf und beginnt zu quellen. Um diesen Vorgang einzudämmen, ist eine fachgerechte Trocknung notwendig.

Die traditionelle Methode zur Reduzierung des Feuchtigkeitsgehalts in frischem Schnittholz ist die **Freilufttrocknung.** Hierbei wird für das in Stapeln aufgeschichtete Holz die trocknende Wirkung des Windes maximiert, während Regen und Nebel durch geeignete Abdeckungen ferngehalten werden. Der Erfolg der Freilufttrocknung fällt – klimabedingt – unterschiedlich aus. In Gebieten mit hoher Luftfeuchtigkeit wird im Freien oft nur vorgetrocknet. Das eigentliche Trocknen erfolgt dann in speziellen Trockenanlagen.

Das **technische Trocknen** bietet viele Vorteile, u. a. können die Trockenzeiten gegenüber der Freilufttrocknung erheblich verkürzt werden. Beim **Frischluft-Abluft-Verfahren** wird das Holz in den Kammern der Trockenanlage ähnlich wie bei der Freilufttrocknung gestapelt. Stapelleisten zwischen den einzelnen Brettlagen gewährleisten eine gleichmäßige Luftzirkulation. Mit Hilfe der Computertechnik wird ein genau auf das Trockengut abgestimmtes Programm in Gang gesetzt, bei dem warme, relativ trockene Luft durch das gestapelte Holz geblasen wird. Beim Frischluft-Abluft-Verfahren muß präzise gearbeitet werden, da das Holz bei einem zu schnellen Trocknungsvorgang leicht reißen kann.

Eine **Behandlung mit Holzschutzmitteln** erhöht die Lebensdauer, dieses umgibt das Holz wie eine Schutzhülle. Mehrere Holzarten verfügen aber auch über einen natürlichen Schutz und sind resistent gegen Insektenbefall (Holzwürmer) und Verrottung: Teak und Zedernholz zählen hierzu, aber auch das festere Kernholz der Eiche ist überaus robust. Abhängig vom Belastungsgrad können diese beständigen Hölzer mehrere Jahrhunderte halten.

Für den chemischen Holzschutz kommen drei Produkte in Frage: Teeröle verlangsamen die Verwitterung und werden zumeist im Außenbereich, z. B. für Zäune, verwendet. Wasserlösliche Holzschutzmittel sind in Wasser gelöste, giftige Metallsalze, die per Unter-/Überdruckimprägnierung aufgebracht werden. Lösungsmittelhaltige Holzschutzmittel können ebenfalls durch Imprägnierung, aber auch durch Tauchbäder oder mit dem Pinsel aufgebracht werden.

LINKS: *Dieser elegante Sessel ist aus Kirschholz, er kann aber auch aus Buchenholz gefertigt werden.*

Neunzehn gebräuchliche Nutzhölzer

Die hier vorgestellten neunzehn Holzarten zählen zu den bekanntesten Nutzhölzern. Aus Artenschutzgründen ist vom Erwerb einiger exotischer Hölzer abzuraten. Meist stehen ohnehin genügend gleichwertige Arten aus einheimischer Produktion zur Verfügung.

Eschenholz ist vielseitig einsetzbar, robust und langlebig und war früher für das Militär unverzichtbar – von der Bronzezeit bis zum späten 18. Jahrhundert wurden Lanzen, Speere, Piken und Wurfspieße aus Esche gefertigt. Zeigt gute Schlagabsorption und kann wiederholten Belastungen widerstehen, ohne zu splittern.

Buchenholz reißt bei unsachgemäßer Trocknung. Wurde von den Möbeltischlern nie sehr geschätzt und wird heute hauptsächlich für die Produktion von Zellulose und Kunstfasern verwendet. Buche wird für Stuhlstreben und Polsterrahmen verwendet, da hier das Arbeiten des Holzes eine untergeordnete Rolle spielt.

Buchsbaum zählt zu den Hölzern mit der höchsten Dichte. Wird für kleine Gegenstände wie z.B. Schachfiguren verwendet. Zwischen dem 15. Jahrhundert und den 20er Jahren dieses Jahrhunderts bei den Gravurschnitzern sehr beliebt.

Mit dem Begriff **Zeder** werden über 70 verschiedene Holzarten bezeichnet, von denen die meisten immergrün sind. Das Holz wird geschätzt, weil es leicht ist und sich gut bearbeiten läßt. Zedernholz ist resistent gegen Termiten- und Holzwurmbefall.

Kiefern- oder Tannenholz ist seit dem 14. Jahrhundert der Sammelbegriff für Lärche, Fichte und Kiefer – heute wird damit oft das konvertierte Holz nadeltragender Weichhölzer bezeichnet. Das Holz ist bekannt für seinen geraden Wuchs, die hohe Tragfestigkeit und für seine vielfältigen Einsatzmöglichkeiten im Innen- und Außenbereich.

Ebenholz ist der Handelsname der Spezies *Diospyrus*, die über schwarzes Kernholz verfügt. Insgesamt werden mehr als 200 Holzarten afrikanischer, asiatischer und australischer Herkunft als Ebenholz bezeichnet. Wurde bereits im frühen Mittelalter in Mitteleuropa bearbeitet.

Die **Ulme** – auch als Rüster bekannt – wurde in den späten 60er Jahren durch die Ulmenkrankheit dezimiert, die sich von Kanada auf Europa ausdehnte und die Landschaft durch das Absterben der Bäume stark veränderte. Die gefladerte Textur macht das polierte Holz dekorativ. Ulme wurde viel von zeitgenössischen Bildhauern genutzt. Neigt zum Werfen und Reißen und läßt sich schlecht von Hand bearbeiten.

Eukalyptus war ursprünglich nur in Australien und Tasmanien heimisch, wurde aber in verschiedenen Gegenden der Welt kultiviert und wächst heute u.a. in Kalifornien und Südafrika. Seine Blattdrüsen enthalten ein ätherisches Öl, das als schleimlösendes Hustenmittel verarbeitet wird.

Obstbaumholz – hier in erster Linie Apfel, Kirsche und Birne – wird besonders von Kunsthandwerkern bevorzugt. Bauernmöbel sind oftmals vollständig aus diesen Hölzern gefertigt oder mit Intarsien aus Obstbaumholz versehen. Kirschholz wurde vor allem in Amerika und Großbritannien wegen seiner Ähnlichkeit mit Mahagoni für Gehäuse verwendet.

Haselnuß und Weide Aus Weidenholz gewinnt man Salicylsäure, den Grundbestandteil von Aspirin. War schon bei den alten Römern wegen seiner schmerzlindernden Wirkung bekannt. Weidenholz verfügt über guten Auftrieb im Wasser. Haselnußholz ist dünn, weich und geschmeidig, aber nicht sehr alterungsbeständig. Wird u.a. zum Korbflechten genutzt.

Pockholz kommt von den Westindischen Inseln, aus den Küstenregionen Kolumbiens und Venezuelas und aus Mittelamerika. Wird wegen seiner Schwere, hohen Dichte und Robustheit geschätzt. Geschützt nach dem Washingtoner Artenschutzabkommen, Ein- und Ausfuhr sind reglementiert.

Das Kernholz der **Linde** ist auffallend hell und langlebig. Es ist ein weiches und geschmeidiges Hartholz, das sich leicht bearbeiten läßt. Beliebt im Schnitzhandwerk, wo es im Mittelalter als ‚Heiliges Holz' bekannt war, weil aus ihm Christusfiguren sowie Abbilder der Jungfrau Maria und der Apostel gefertigt wurden.

Mahagoni wächst u.a. in den Regenwäldern Afrikas und Südamerikas und fand schon früh im Möbelbau Verwendung. Bereits 1730 gründete Thomas Chippendale sein Möbelunternehmen. Mahagoni ist leicht, robust und vielseitig einsetzbar. ‚Echtes Mahagoni' der Spezies *Swietenia* ist nach dem Washingtoner Artenschutzabkommen geschützt, Ein- und Ausfuhr sind reglementiert.

Eichenholz (*Quercus robur*, daher das Wort ‚robust') ist bekannt für seine Tragfähigkeit, Alterungsbeständigkeit und Langlebigkeit. Wurde (vor dem Einsatz von Grünherzholz) auch für den Bau von Schleusentoren, Fachwerkhäusern und Radspeichen verwendet.

Rosenholz (Palisander) hat nichts mit Rosen zu tun. Der Name stammt vom süßlichen Duft. Brasilianisches Rosenholz darf nach dem Washingtoner Artenschutzabkommen nicht gehandelt werden, Ostindisches Rosenholz unterliegt Handelsbeschränkungen.

Ahornholz ist durch verzögerte Kernholzbildung gelblichweiß bis weiß und zeigt eine hin und wieder auch ausgeprägte, sonst aber schwach gefladerte Textur mit seidigem Glanz. Kommt als Furnierholz sowie als Ausstattungsholz für Möbel, Vertäfelungen und Parkett, aber auch als Spezialholz für Musikinstrumente und Werkzeuggriffe zum Einsatz. Eignet sich zum Drechseln und Schnitzen.

Teakholz kommt u.a. aus den regengrünen Wäldern Südostasiens und Afrikas und ist eines der härtesten, tragfähigsten und alterungsbeständigsten Hölzer – Möbeltischler verlangten im vergangenen Jahrhundert ein Extrasalär für stumpf gewordene Werkzeuge. Ein- und Ausfuhr von Teak sind nach dem Washingtoner Artenschutzabkommen reglementiert.

Der **amerikanische Nußbaum** wächst im mittleren Westen und Nordosten der USA bis hinauf nach Kanada, wurde aber auch vereinzelt in Europa kultiviert. Das Kernholz ist dunkelbraun mit schlichter Textur. Das Kernholz des europäischen Nußbaums ist hingegen meist hellbraun und stärker texturiert. Beide Arten werden als Furnier-, Ausstattungs- und Spezialhölzer geschätzt.

Die immergrünen Blätter der **Eibe** dienen seit der Antike als Symbol für ewiges Leben. Auch wenn es sich um eines der härtesten Hölzer handelt, wird es als Weichholz klassifiziert. Eibe ist sehr beliebt zur Herstellung kleinerer Gegenstände wie Schnupftabak- und Pillendosen. Grob gefurchte und drehwüchsige Stämme machen die Konvertierung zu Brettern unrentabel. Die Eibe ist als Waldbaum im Aussterben begriffen und steht unter Naturschutz.

Die Regenwälder

Regenwälder bedecken mit ungefähr neun Millionen Quadratkilometern sieben Prozent der Landfläche der Erde. Wissenschaftler schätzen, daß seit Beginn des Jahrhunderts mindestens 50 Prozent des Regenwaldes verlorengegangen sind – wahrscheinlich sogar noch mehr. Einige dieser Wälder existieren unverändert schon seit Millionen von Jahren. In dieser langen Zeit hat sich eine nahezu unüberschaubare Artenvielfalt herausgebildet. Die Geschwindigkeit, mit der die verbliebenen Regenwälder abgeholzt werden, ist beängstigend. Nicht selten werden sie auch, wie im Amazonasgebiet, niedergebrannt, um ausgedehnte Weideflächen für die kurzfristige Produktion von Rindfleisch zu schaffen, das in die USA exportiert wird. Weltweit gesehen beziffern Wissenschaftler die Vernichtungsrate des Regenwaldes auf 30–38 Hektar pro Minute. Stück für Stück verschwindet damit ein gigantischer Lebensraum – mit verheerenden Auswirkungen auf das globale Ökosystem. Ein Beispiel ist die Verstärkung des Treibhauseffektes, bei dem sich die Atmosphäre durch die Ansammlung von Kohlendioxid fortschreitend erwärmt. Der natürliche Abbau des Kohlendioxids wird durch die schrumpfende Waldmasse verringert. Weitaus fataler sind die Konsequenzen, wenn der Treibhauseffekt durch ausgedehnte Brandrodungen noch verstärkt wird. Eine nachhaltige Holzbewirtschaftung, bei der der Holzeinschlag planvoll erfolgt und den Wäldern Zeit gelassen wird, sich zu regenerieren, ist möglicherweise der Schlüssel für das Überleben der Regenwälder. Nicht nur für die Menschen vor Ort ist es überlebenswichtig, vom Ziel des kurzfristigen Profits abzurücken und auf ein langfristig angelegtes Waldmanagement umzuschwenken. Auch der Endverbraucher kann helfen, den Raubbau am Regenwald zu minimieren. Seltene Holzarten, deren Herkunftsort ungeklärt ist, sollten nicht gekauft werden. Oftmals ist es einfacher und umweltverträglicher, anstelle von exotischen Hölzern auf einheimische Holzarten zurückzugreifen, die über gleichwertige Bearbeitungseigenschaften verfügen.

Bestimmung von Nutzhölzern

Jeder der Einträge auf den folgenden Seiten verfügt über eine Farbtabelle, die über die wichtigsten Eigenschaften der jeweiligen Holzart auf einer Skala von 1 bis 10 Auskunft gibt.

Schlagfestigkeit: Zeigt die Widerstandsfähigkeit des Holzes gegen plötzliche Belastung an – ein Maß seiner Zähigkeit.

Tragfähigkeit: Zeigt die Längssteifigkeit des Holzes an und steht im Zusammenhang mit seiner Biegefestigkeit. Wichtig, wenn das Holz als lange Säule oder Strebe verwendet werden soll.

Darrdichte: Gemessen als spezifisches Gewicht, im Verhältnis der Dichte einer Substanz zu der von Wasser.

Bearbeitungsfähigkeit: Zeigt an, wie leicht ein Holz verarbeitet werden kann und ob Werkzeuge maßgeblich abstumpfen.

Biegefestigkeit: Wird gemessen, indem das Holz auf Biegung belastet wird, z.B. durch stärker werdende Druckausübung auf das Ende eines Brettes, bis es bricht.

Druckfestigkeit: Fähigkeit des Holzes, Belastungen an der Endfaser zu widerstehen – ein wichtiger Test für Holz, das als kurze Säule oder Stütze verwendet werden soll.

Das letzte Symbol zeigt an, ob es sich um ein Hart- oder ein Weichholz handelt.

H	W
Hartholz	Weichholz

4 4 5 3 5 5 W

ABIES SPP. Familie: PINACEAE

Tanne

VORKOMMEN
Nur die Angehörigen von *Abies spp.* sind echte Tannen. *A. Lasiocarpa* ist die „Subalpine Fir", die in Alaska und New Mexico wächst. *A. procera* ist die Amerikanische Edeltanne aus dem Westen der USA. Die Gemeine Tanne (*A. alba*) wächst großflächig in Mittel-, Südwest- und Südeuropa.

ERSCHEINUNGSBILD
Die Farbe variiert von Rahmweiß bis Blaßgelbbraun, ähnlich der Rotfichte, glänzt aber nicht so stark. Das Holz ist geradfaserig mit feiner Textur.

EIGENSCHAFTEN
Leicht harzhaltig mit einer Darrdichte von 410 kg/m³. Arbeitet wenig, verfügt über geringe Tragfähigkeit und Schlagfestigkeit, mittlere Biege- und Bruchfestigkeit und schlechte Dampfbiegeeigenschaften.

VERARBEITUNG
Läßt sich sowohl von Hand als auch maschinell gut bearbeiten und stumpft scharf gehaltene Messer nur gering ab.

HOLZSCHUTZ
Anfällig für Befall durch Eichenkernkäfer, Langhornböcke und Buprestiden; nicht alterungsbeständig. Nur bedingt für Holzschutzbehandlung geeignet. Das Splintholz ist permeabel.

VERWENDUNG
Baugewerbe, Innenbau, Schreinerei, Paletten und Kisten. Stämme kleiner Bäume werden für den Gerüstbau verwendet.

---

4 2 6 6 6 7 H

ACER PSEUDOPLATANUS Familie: ACERACEAE

Ahorn/Bergahorn

VORKOMMEN
Ursprünglich aus Zentral- und Südeuropa stammend, wächst der Bergahorn auf unterschiedlichen Böden und in unterschiedlichen Umgebungen mittlerweile in ganz Europa. Vergleichbar mit Feld- und Spitzahorn.

ERSCHEINUNGSBILD
Rahmweiße Färbung mit natürlichem Glanz. Nimmt bei langsamer Trocknung eine natürliche Bräune an. In der Regel geradfaserig, wobei gelegentliche wirbelige oder wellige Verläufe auf radialgeschnittenen Oberflächen attraktiven Riegelwuchs und Gittermuster zeigen. Die Textur ist fein und gleichmäßig.

EIGENSCHAFTEN
Mittlere Darrdichte liegt bei etwa 600 kg/m³. Trocknet schnell an der Luft, kann sich aber verfärben, wenn es nicht aufrecht gestapelt wird. Arbeitet moderat und verfügt über mittlere Biegefestigkeit, geringe Schlagfestigkeit und sehr geringe Tragfähigkeit, ist dafür aber gut zum Dampfbiegen geeignet.

VERARBEITUNG
Gemäßigte Abstumpfung bei Werkzeugen und Messern. Die wechseldrehwüchsigen oder welligen Fasern neigen beim Hobeln und Stemmen zum Aufrichten, so daß sich ein verringerter Anstellwinkel empfiehlt.

HOLZSCHUTZ
Das Splintholz ist anfällig für Befall durch den gewöhnlichen und den gekämmten Nagekäfer (*Ptilinus pectinicornis*).

VERWENDUNG
Geeignet für Musikinstrumente, gutes Drechselholz für Pinselstiele und Haushaltsgegenstände; ausgewählte Stämme eignen sich für den Schnitt als Furnierholz.

ACER SPP. Familie: ACERACEAE

Roter Ahorn

VORKOMMEN
In den gemäßigten nördlichen Regionen Kanadas, im Osten und an der Pazifikküste der USA wachsen mehr als zehn Spezies dieser Art, aber nur fünf sind als Nutzholz geeignet.

ERSCHEINUNGSBILD
Rahmweiß mit dichter, gerader Faser und im Querschnitt unscharfen Wachstumsringen. Gleichmäßige, feine und etwas glanzlosere Textur als beim Zuckerahorn. Zudem leichter als dieser.

EIGENSCHAFTEN
Die Darrdichte von *A. rubrum* liegt bei 600 kg/m³, bei *A. saccharinum* und *A. macrophyllum* bei 540 kg/m³. Trocknet langsam mit geringer Schwindung, arbeitet nur moderat. Der Rote Ahorn verfügt über gute Biege- und Druckfestigkeit und geringe Tragfähigkeit und Schlagfestigkeit.

VERARBEITUNG
Läßt sich sowohl von Hand als auch maschinell gut bearbeiten und stumpft Werkzeug nur mittelmäßig ab. Vorsicht beim Nageln und Schrauben.

HOLZSCHUTZ
Das für Insektenbefall anfällige Splintholz ist permeabel, aber nur bedingt für eine Holzschutzbehandlung geeignet.

VERWENDUNG
Geeignet für Möbelbau, Innenausbau, Drechselei und Haushaltsgegenstände. Spezielle Verwendung unter anderem für Sportgeräte, Molkerei- und Wäschereiausstattung, Musikinstrumente und Klaviermechaniken. Kann zu Furnierholz verarbeitet werden.

ACER SACCHARUM Familie: ACERACEAE

Zuckerahorn

VORKOMMEN
Zusammen mit *A. nigrum* in den USA, Kanada und Großbritannien als „Hard Maple" bekannt. Der Saft des Zuckerahorns wird zu Ahornzucker und -sirup verarbeitet. Östlich der Rocky Mountains und im Norden und Osten der Vereinigten Staaten eines der wertvollsten Hölzer.

ERSCHEINUNGSBILD
Rahmweiß mit rötlicher Tönung, manchmal mit dunkelbraunem Kern. Für gewöhnlich geradfaserig, oft aber wirbelwüchsig und wellig mit dünnen braunen Linien, die die Wachstumsringe auf dem Querschnitt abbilden. Gleichmäßig feine und glänzende Textur.

EIGENSCHAFTEN
Darrdichte 700 kg/m³. Trocknet relativ langsam mit geringer Schwindung. Arbeitet moderat und verfügt über gute Biege- und Druckfestigkeit, geringe Tragfähigkeit und Schlagfestigkeit, dafür aber über gute Dampfbiegeeigenschaften.

VERARBEITUNG
Die Fasern neigen dazu, sich aufzurichten und bei Querschnitt anzubrennen. Muß zum Nageln vorgebohrt werden, läßt sich aber gut kleben.

HOLZSCHUTZ
Anfällig für Insektenbefall und durch Schädlinge verursachte Wachstumsschäden. Das Kernholz ist resistent gegen Schutzbehandlung, aber das Splintholz ist permeabel.

VERWENDUNG
Industrieböden, Rollschuhbahnen, Tanzhallen, Hackblöcke, Klaviermechaniken und Sportgeräte. Geeignet zum Drechseln.

8
6
8
6
8
9
H

ACER SACCHARUM Familie: ACREACEAE

Vogelaugenahorn

VORKOMMEN
Die charakteristische Zeichnung des Vogelaugenahornholzes ist relativ selten, daher ist das Holz recht teuer. Es gibt keine befriedigende Erklärung für den Umstand, daß die ausgeprägte Textur nur bei wenigen Bäumen auftritt, die oftmals inmitten anderer, unauffällig texturierter Bäume wachsen. Die schönsten Exemplare findet man zwischen Neuschottland und Ontario, sowie im Norden und Osten der Vereinigten Staaten.

ERSCHEINUNGSBILD
Weiß oder rahmweiß mit gelegentlichem rötlichem oder bräunlichem Kernholz. Für gewöhnlich von gleichförmiger Textur mit gerader, dünner Faser. Dichte und Größe der einzelnen „Vogelaugen" variieren stark von Baum zu Baum und sogar innerhalb des Holzes vom selben Baum.

EIGENSCHAFTEN
Trocknet bei einer Darrdichte von 750 kg/m^3 recht langsam bei beträchtlicher Schwindung.

VERARBEITUNG
Vorsicht ist angebracht, um beim Hobeln die „Vogelaugen" nicht herauszureißen. Es kann vorkommen, daß das Holz beim Sägen mit der Kreissäge Brandspuren zeigt.

HOLZSCHUTZ
Das Holz ist nicht alterungsbeständig und anfällig für Befall durch den Nagekäfer. Kernholz ist resistent gegen Holzschutzmittel, das Splintholz ist permeabel.

VERWENDUNG
Hochwertige Möbel sowie Verarbeitung zu Furnierholz.

4
2
6
4
3
7
H

AESCULUS HIPPOCASTANUM Familie: HIPPOCASTANACEAE

Roßkastanie

VORKOMMEN
Aus Albanien stammend, wächst die Roßkastanie in den Bergregionen des nördlichen Griechenlands, in Bulgarien, dem Iran und Nordindien und ist heute auch in Nordamerika und Europa weitflächig anzutreffen.

ERSCHEINUNGSBILD
Sehr weiß bei Fällung im Frühwinter, aber blaßgelbbraun bei späterer Fällung. Man findet für gewöhnlich Drehwuchs, und das Holz neigt darüber hinaus dazu, querwüchsig und gewellt zu sein. Kennzeichnend ist die sehr feine, dichte und gleichmäßige Textur.

EIGENSCHAFTEN
Darrdichte liegt bei 510 kg/m^3. Das Holz trocknet gut mit geringer Schwindung, arbeitet mäßig und ist nur wenig biegefest und tragfähig. Verfügt über niedrige bis mittlere Druckfestigkeit und gute Dampfbiegeeigenschaften.

VERARBEITUNG
Läßt sich leicht von Hand und maschinell bearbeiten und stumpft das Werkzeug nur geringfügig ab. Läßt sich befriedigend nageln und schrauben, gut kleben und zeigt eine schöne Oberfläche.

HOLZSCHUTZ
Anfällig für Befall durch den gewöhnlichen Nagekäfer, aber permeabel für eine Holzschutzbehandlung.

VERWENDUNG
Möbel und Schnitzerei, Drechslerei; Griffe für Sport- und Küchengeräte. Ausgewählte Stämme werden zu schönen Furnieren verarbeitet.

AGATHIS SPP. FAMILIE: ARAUCARIACEAE

Kauri-Kiefer

6 8 5 4 8 8 W

VORKOMMEN
Diese zapfentragenden Weichholzbäume treten vereinzelt oder in kleinen Hainen auf und wachsen von Malaysia bis nach Australien und von Neuguinea bis nach Neuseeland und den Fiji-Inseln.

ERSCHEINUNGSBILD
Die geradfaserigen und wertvollen Bäume sind keine wirklichen Kiefern. Sie ähneln der botanisch verwandten Paranakiefer, verfügen aber über eine dunklere Färbung und grobere Textur. Das Kernholz variiert von blassem Beige bis hin zu Rosé oder sogar einem dunklen Rotbraun. Feine Textur und eine glänzende Oberfläche.

EIGENSCHAFTEN
Leicht harzhaltig mit einer Darrdichte von 480 kg/m^3. Arbeitet mäßig und verfügt über geringe Tragfähigkeit und Schlagfestigkeit, mittlere Biegefestigkeit und schlechte Dampfbiegeeigenschaften.

VERARBEITUNG
Läßt sich sowohl von Hand als auch maschinell gut bearbeiten und stumpft scharf gehaltene Messer nur geringfügig ab.

HOLZSCHUTZ
Anfällig für Befall durch Eichenkernkäfer, Langhornböcke und Buprestiden; nicht alterungsbeständig. Für Behandlung mit Holzschutzmitteln nur bedingt geeignet, das Splintholz ist durchlässig.

VERWENDUNG
Baugewerbe, Hochbau, Innenausbau, Zimmerhandwerk, Paletten und Kisten. Stämme kleiner Bäume werden für den Gerüstbau verwendet.

ALNUS GLUTINOSA Familie: BETULACEAE

Schwarzerle

4 2 6 4 4 6 H

VORKOMMEN
Die ursprünglich in Europa und Nordafrika heimische Erle ist heute über die gesamte nördliche Hemisphäre verbreitet. Die Schwarzerle ist an der Pazifikküste Kanadas und der USA eines der am weitesten verbreiteten kommerziell genutzten Harthölzer.

ERSCHEINUNGSBILD
Splint- und Kernholz zeigen frisch geschnitten ein stumpfes, glanzloses, helles Orangebraun, das zu rötlichbrauner Färbung mit dunkleren Linien reift. Fein texturiertes Holz, das – ausgenommen an der Base – gerade Fasern aufweist.

EIGENSCHAFTEN
Trocknet schnell und besitzt eine mittlere Darrdichte von 530 kg/m^3. Verfügt über geringe Biege- und Schlagfestigkeit, mittlere Druckfestigkeit und sehr geringe Tragfähigkeit, woraus eine nur mäßige Dampfbiegefähigkeit resultiert.

VERARBEITUNG
Kann mit scharfem Werkzeug leicht maschinell bearbeitet werden und stumpft das Werkzeug nur geringfügig ab. Nagel- und Schraubenhalt sind zufriedenstellend. Beizen und Polituren ergeben eine gute Oberfläche.

HOLZSCHUTZ
Splintholz ist anfällig für Befall durch den Nagekäfer. Holz ist leicht verderblich, aber permeabel für Holzschutzbehandlung.

VERWENDUNG
Schnitzerei, Drechslerei, Haushaltsgegenstände und Furnierholz.

4
2
6
5
4
6
H

ANISOPTERA SPP. Familie: DIPTEROCARPACEAE

Mersawa/Krabak

VORKOMMEN

Es existieren viele Spezies der Gattung *Anisoptera*, die unter den Handelsnamen Mersawa oder Krabak exportiert werden. Man findet sie in Malaya, Sabah, Brunei, Sarawak, Thailand, Burma und auf den Philippinen.

ERSCHEINUNGSBILD

Das Splintholz wird in der Regel von der Blaufäule befallen, die es einfärbt. Die Farbe des Kernholzes variiert zwischen Blaßgelb und Gelbbraun mit roséfarbener Tönung. Die Textur ist grob, aber gleichmäßig. Der Faserwuchs variiert von gerade bis wechseldrehwüchsig.

EIGENSCHAFTEN

Darrdichte liegt bei 640 kg/m^3. Das Holz trocknet sehr langsam und verfügt über eine geringe Biege- und Schlagfestigkeit, mittlere Druckfestigkeit, sehr geringe Tragfähigkeit und schlechte Dampfbiegeeigenschaften.

VERARBEITUNG

Wechseldrehwuchs und hoher Kieselerdegehalt stumpfen Werkzeuge stark ab. Läßt sich leicht nageln und kleben und zeigt nach der Behandlung eine gute Oberfläche.

HOLZSCHUTZ

Das Splintholz ist anfällig für Befall durch den Splintholzkäfer. Das Holz ist moderat alterungsbeständig und resistent gegen Holzschutzbehandlung.

VERWENDUNG

Möbel, Bauhandwerk, Innenausbau, Schiffsplanken, Furnierholz und Spanplatten. In Europa nur in geringem Umfang erhältlich.

3
4
6
4
6
6
W

ARAUCARIA ANGUSTIFOLIA Familie: ARAUCARIACEAE

Paranakiefer

VORKOMMEN

Kommt hauptsächlich im brasilianischen Bundesstaat Parana vor, sowie in Paraguay und im Norden Argentiniens. Wird auch Brasilkiefer genannt und ist eng mit der chilenischen Araukarie verwandt.

ERSCHEINUNGSBILD

Sehr große Darrdichte. Fast völliges Fehlen von Wachstumsringen und eine ungewöhnliche Färbung macht sie zu einem begehrten Nutzholz. Vorwiegend geradfaserig und honigfarben mit gelegentlichen Strahlen im inneren Kernholz.

EIGENSCHAFTEN

Darrdichte liegt bei 480–640 kg/m^3. Holz ist nicht alterungsbeständig und verfügt nur über mittlere Biege- und Druckfestigkeit bei geringer Schlagfestigkeit. Sehr schwierig zu trocknen mit der Tendenz, an den dunkleren Stellen zu reißen. Kann bei sorgloser Trocknung sehr stark arbeiten.

VERARBEITUNG

Gut von Hand und maschinell zu bearbeiten. Läßt sich gut hobeln und stemmen.

HOLZSCHUTZ

Anfällig für Befall durch den Eichenkernkäfer und den gewöhnlichen Nagekäfer. Nicht alterungsbeständig und bis auf das permeable Splintholz bedingt resistent gegen Holzschutzbehandlung.

VERWENDUNG

Innenausbau, insbesondere Treppen; Möbelrahmen, Ladenausstattungen und Fahrzeugbau. Unterliegt zeitweilig einem Exportverbot in Brasilien.

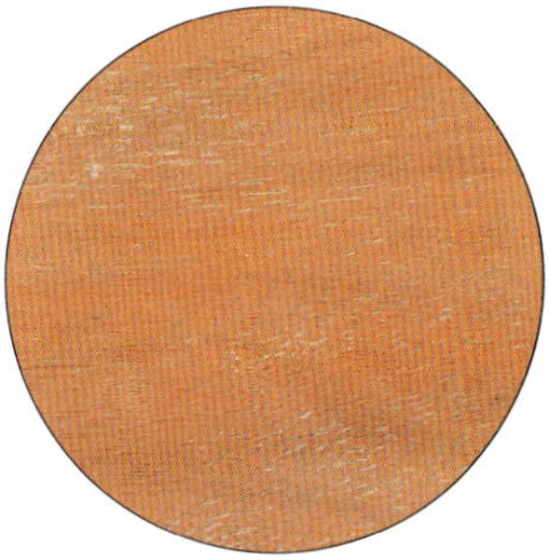

AUCOUMEA KLAINEANA Familie: BURSERACEAE

Gabun

4
2
4
8
4
6
H

VORKOMMEN
Gabun gehört zu den am häufigsten exportierten Nutzhölzern Afrikas. Wächst hauptsächlich in Äquatorialguinea, Gabun und Zaire.

ERSCHEINUNGSBILD
Das Kernholz zeigt ein helles Rosé, das unter Sonneneinstrahlung zu Rosébraun reift. Für gewöhnlich geradfaserig und manchmal flach wechseldrehwüchsig oder leicht wellig, was zu attraktiven Streifen auf radial geschnittenen Oberflächen führt. Mittlere, gleichmäßige Textur mit natürlichem Glanz.

EIGENSCHAFTEN
Ein wenig tragfähiges Holz mit geringer Darrdichte von 350–540 kg/m^3 bei einem Durchschnitt von 420 kg/m^3. Trocknet schnell bei geringer Schwindung und arbeitet kaum. Verfügt über geringe Biegefestigkeit, mittlere Druckfestigkeit und ist praktisch nicht zum Dampfbiegen geeignet. Weder sehr alterungsbeständig noch resistent gegen Zerfall.

VERARBEITUNG
Läßt sich recht gut von Hand und maschinell bearbeiten, stumpft Werkzeuge aber stark ab. Fasern neigen beim Hobeln und Stemmen unregelmäßiger Stellen auf radialgeschnittenen Oberflächen zum Aufrichten. Läßt sich ohne Schwierigkeiten nageln und kleben.

HOLZSCHUTZ
Das Splintholz ist anfällig für Befall durch den Splintholzkäfer. Das Holz ist nicht alterungsbeständig und resistent gegen Holzschutzbehandlung.

VERWENDUNG
Spanplatten, Tischlerplatten und Laminatplatten.

BETULA PAPYRIFERA Familie: BETULACEAE

Papierbirke

6
4
6
6
6
7
H

VORKOMMEN
Aus der Base dieses Baumes schufen die amerikanischen Ureinwohner ihre Kanus. Die Papierbirke wächst in ganz Nordamerika bis hinab zur Ostküste der USA.

ERSCHEINUNGSBILD
Rahmweißes Splintholz, blaßbraunes Kernholz mit normalerweise gerader Faser und feiner, gleichförmiger Textur. Viele Stämme bilden eine gewirbelte Zeichnung aus, die „Flammbirke" heißt. Wie auch die Gelbbirke zeigt sie sehr attraktive Markstrahlen.

EIGENSCHAFTEN
Mittlere Darrdichte von 620 kg/m^3. Trocknet langsam mit geringer Schwindung und verfügt bis auf die Tragfähigkeit über mittlere Stärke in allen Kategorien. Dampfbiegeeigenschaften sind moderat.

VERARBEITUNG
Läßt sich recht gut von Hand und maschinell bearbeiten und stumpft das Werkzeug nur wenig ab. Manchmal richtet sich wirbelwüchsiges Holz beim Hobeln oder Stemmen radialgeschnittener Flächen auf, so daß sich ein reduzierter Anstellwinkel empfiehlt.

HOLZSCHUTZ
Nicht alterungsbeständig und moderat resistent gegen Holzschutzbehandlung. Das Splintholz ist jedoch permeabel.

VERWENDUNG
Meist Verarbeitung zu Spanholz; eignet sich gut zum Drechseln. Wird zu Papier verarbeitet und für Furniere aufgeschnitten.

6
6
8
6
8
8
H

BETULA PENDULA Familie: BETULACEAE

Weißbirke

VORKOMMEN
Die Weißbirke erträgt extreme Kälte und Hitze und wächst weiter nördlich als jeder andere Laubbaum – bis nach Lappland hinein. Heimisch von Europa über Rußland bis Japan.

ERSCHEINUNGSBILD
Unauffälliges Rahmweiß bis Blaßbraun. Geradfaserig mit feiner Textur. Markstrahlen können als unregelmäßige, dunkle Stellen auftreten. Fehlwuchs erzeugt eine geflammte Textur.

EIGENSCHAFTEN
Hohe Darrdichte von 650 kg/m^3. Leichte Tendenz zum Werfen während der Trocknung. Arbeitet wenig und verfügt über hohe Biege- und Druckfestigkeit und mittlere Tragfähigkeit und Schlagfestigkeit. Nicht zum Dampfbiegen geeignet.

VERARBEITUNG
Läßt sich leicht von Hand und maschinell bearbeiten. Es empfiehlt sich ein reduzierter Anstellwinkel, um unregelmäßig gewachsenes Holz nicht herauszureißen. Muß zum Nageln und Schrauben vorgebohrt werden.

HOLZSCHUTZ
Das Splintholz ist anfällig für Befall durch den gewöhnlichen Nagekäfer. Das Kernholz ist bedingt aufnahmefähig für Holzschutzmittel, aber das Splintholz ist permeabel.

VERWENDUNG
Ein wichtiges Material für Spanplatten in Finnland und Rußland. Geeignet als Ausstattungsholz.

6
6
10
8
6
9
H

BUXUS SEMPERVIRENS Familie: BUXACEAE

Buchsbaum

VORKOMMEN
Ein immergrüner Laubbaum, der im milden, gemäßigten Klima vorkommt. Wächst in Europa, Nordafrika, Kleinasien und im westlichen Asien.

ERSCHEINUNGSBILD
Helles, leuchtendes Orangegelb. Normalerweise geradfaserig, häufig aber unregelmäßiger Wuchs, vor allem bei kleinen europäischen Bäumen. Kompakte, feine und gleichmäßige Textur.

EIGENSCHAFTEN
Darrdichte liegt bei 830–1100 kg/m^3, bei einem Durchschnitt von 910 kg/m^3. Trocknet langsam und kann oberflächliche wie auch tiefer gehende Risse entwickeln, wenn es im ganzen getrocknet wird. Bretter werden vor dem Trocknen in Salz- oder Harnstofflösung eingeweicht, bevor der Endanstrich aufgebracht wird. Sehr widerstandsfähig und alterungsbeständig mit guten Dampfbiegeeigenschaften, hoher Tragfähigkeit und guter Druck- und Schlagfestigkeit.

VERARBEITUNG
Messer sehr scharf halten, da das Holz sonst anbrennt. Unregelmäßiger Wuchs neigt beim Hobeln zum Ausreißen. Vorbohren zum Nageln und Schrauben.

HOLZSCHUTZ
Das Splintholz ist anfällig für Befall durch den gewöhnlichen Nagekäfer. Das Kernholz ist alterungsbeständig und resistent gegen Holzschutzbehandlung.

VERWENDUNG
Spezialholz u.a. für Weberschiffchen, Griffe und Werkzeugstiele, geschnitzte Figuren.

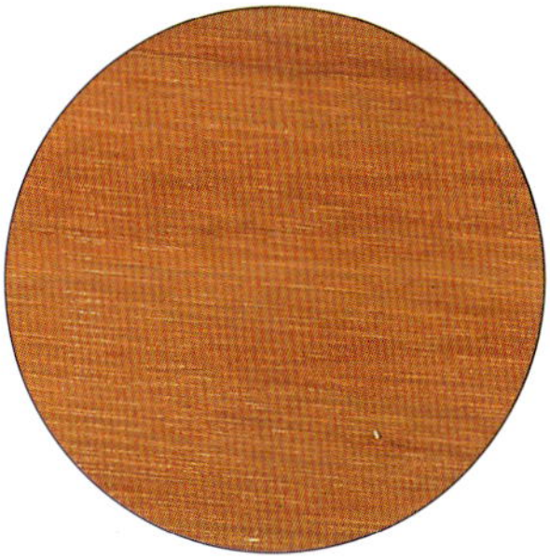

CALOPHYLLUM BRASILIENSE Familie: GUTTIFERAE

Jacareuba

6 4 6 7 6 9 H

VORKOMMEN
Weitflächig in den Tropen zu finden. Wächst auf den Westindischen Inseln und von Südmexiko bis hinein in den nördlichen Teil Südamerikas.

ERSCHEINUNGSBILD
Das Kernholz variiert von Gelbrosé bis zu sattem Rotbraun. Das für gewöhnlich wechseldrehwüchsige Holz ist häufig von feinen dunkelroten Parenchymstreifen durchzogen, während das gelbe Splintholz etwas heller ist. Das Holz verfügt über eine recht gleichmäßige, mittelfeine Textur.

EIGENSCHAFTEN
Darrdichte liegt bei 540–700 kg/m³. Lufttrocknung ist schwierig, da das Holz langsam trocknet, arbeitet und sich aufspaltet. Verfügt über mittlere Biege- und Schlagfestigkeit bei geringer Tragfähigkeit und hoher Druckfestigkeit. Die Dampfbiegeeigenschaften sind mittelmäßig.

VERARBEITUNG
Die maschinelle Bearbeitungsfähigkeit ist nur bedingt gut, da das weiche Parenchymgewebe zum Aufrichten neigt und die braunen Kautschukstreifen das Werkzeug schnell abstumpfen. Es empfiehlt sich ein reduzierter Anstellwinkel, sowie ein Vorbohren zum Schrauben und Nageln.

HOLZSCHUTZ
Sehr resistent gegen Holzschutzbehandlung, das Splintholz jedoch ist permeabel.

VERWENDUNG
Außenbauten, Baugewerbe, Brückenbau, Dachschindeln, Schiffsbau, ebenso Innenausbau. Ausgewählte Stämme werden zu Furnier verarbeitet. In Europa nur in geringen Mengen erhältlich.

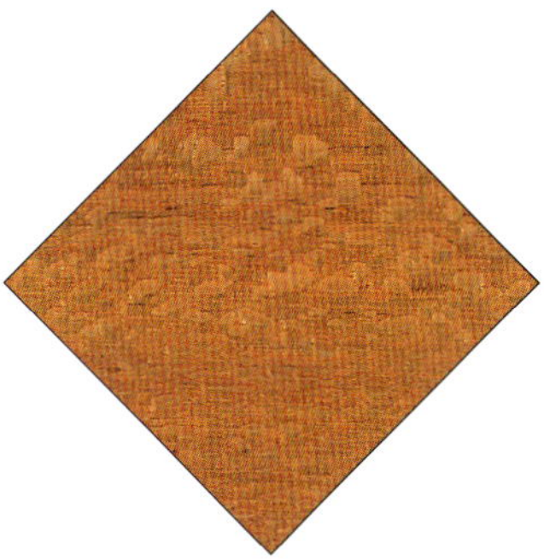

CARDWELLIA SUBLIMIS Familie: PROTEACEAE

Handelsname ist nicht bekannt

2 4 6 6 8 5 H

VORKOMMEN
Das in den Herkunftsländern Australien und Neuseeland „Silky Oak" genannte Holz bezog diesen Namen ursprünglich von der südaustralischen *Grevillea robusta.*

ERSCHEINUNGSBILD
Attraktiv mit deutlicher strahlenförmiger Textur auf radial geschnittenen Oberflächen – es ist allerdings keine wirkliche Eiche. Das Kernholz ist rosé bis rötlichbraun und reift zu einem dunkleren Rotbraun. Das Kernholz der *Cardwellia* ist generell dunkler als das blassere Rosébraun der *Grevillea.* Für gewöhnlich geradfaserig, bis auf Stellen mit verdrehten Fasern.

EIGENSCHAFTEN
Darrdichte der *Grevillea* 580 kg/m³, von *Cardwellia* 540 kg/m³. Schwierig zu trocknen, da sich breite Bretter stark wölben. Arbeitet moderat und verfügt im Verhältnis zur Dichte über unterdurchschnittliche Stärke in allen Kategorien.

VERARBEITUNG
Läßt sich gut von Hand und maschinell bearbeiten und stumpft Werkzeuge nur geringfügig ab. Radial geschnittenes Material neigt beim Hobeln und Stemmen zum Aufrichten, so daß sich ein reduzierter Anstellwinkel empfiehlt. Nägel halten gut im Holz.

HOLZSCHUTZ
Splintholz ist anfällig für Befall durch den Splintholzkäfer. Kernholz altert moderat und ist resistent gegen Holzschutzbehandlung.

VERWENDUNG
In den Herkunftsländern Ausstattungs- und Konstruktionsholz.

6
6
8
9
6
8
H

CARPINUS BETULUS Familie: BETULACEAE

Weißbuche

VORKOMMEN

In der nördlichen gemäßigten Zone Europas – zwischen Schweden und Kleinasien – wachsen etwa 20 Spezies, wobei die kommerziell genutzten aus Frankreich, der Türkei und dem Iran stammen.

ERSCHEINUNGSBILD

Eine stumpfe weiße Färbung mit grauen Streifen, die durch die breit strahlenförmige Struktur auf radial geschnittenen Flächen entstehen. Der Faserwuchs ist für gewöhnlich unregelmäßig oder wechseldrehwüchsig, die Textur jedoch ist fein und gleichmäßig.

EIGENSCHAFTEN

Darrdichte liegt im Durchschnitt bei 760 kg/m^3. Trocknet recht schnell und gut mit geringer Schwindung, arbeitet aber stark. Verfügt über hohe Biege- und Druckfestigkeit, mittlere Tragfestigkeit und Schlagfestigkeit. Gute Scher- und Spaltfestigkeit bei guten Dampfbiegeeigenschaften.

VERARBEITUNG

Schwer zu bearbeiten bei moderater Abstumpfung des Werkzeugs. Läßt sich gut kleben. Die dekorative Oberfläche läßt sich exzellent mit Beize und Politur veredeln.

HOLZSCHUTZ

Das Splintholz ist anfällig für Befall durch den gewöhnlichen Nagekäfer. Das Kernholz ist nicht alterungsbeständig, aber permeabel für Holzschutzbehandlung.

VERWENDUNG

Eignet sich gut zum Drechseln und wird für Griffe und Maschinenteile verwendet. Außerdem Verwendung für Klaviermechaniken und andere Teile von Musikinstrumenten, sowie als Bodenbelag.

10
8
9
8
8
8
H

CARYA SPP. Familie: JUGLANDACEAE

Echte Hickory

VORKOMMEN

In den großen Waldgebieten im Osten Kanadas und der USA wachsen mehr als 20 Spezies, von denen allerdings nur vier kommerziell genutzt werden.

ERSCHEINUNGSBILD

Das Splintholz ist von sehr blassem Grau und wird dem Kernholz vorgezogen, das rot bis rötlichbraun ist. Für gewöhnlich geradfaserig, hin und wieder wellig oder unregelmäßig, mit grober Textur.

EIGENSCHAFTEN

Darrdichte schwankt von 660–800 kg/m^3, liegt aber im Durchschnitt bei 780 kg/m^3. Das Holz benötigt sorgfältige Trocknung und arbeitet wenig. Sehr hohe Tragfähigkeit mit hoher Biege- und Druckfestigkeit und außergewöhnlicher Schlagfestigkeit. Verfügt über ausgezeichnete Dampfbiegeeigenschaften.

VERARBEITUNG

Maschinell schwer zu bearbeiten bei moderater Abstumpfung des Werkzeugs. Auch schwierig zu kleben, nimmt aber Beizen und Polituren gut an.

HOLZSCHUTZ

Das Splintholz ist anfällig für Befall durch den Splintholzkäfer. Das Kernholz ist moderat resistent gegen Holzschutzbehandlung.

VERWENDUNG

Für Werkzeuggriffe, Möbelstücke und Sportgeräte sowie für Bildhauerei und Schnitzerei geeignet. Verwendung in der Spanplattenproduktion und als Furnierholz.

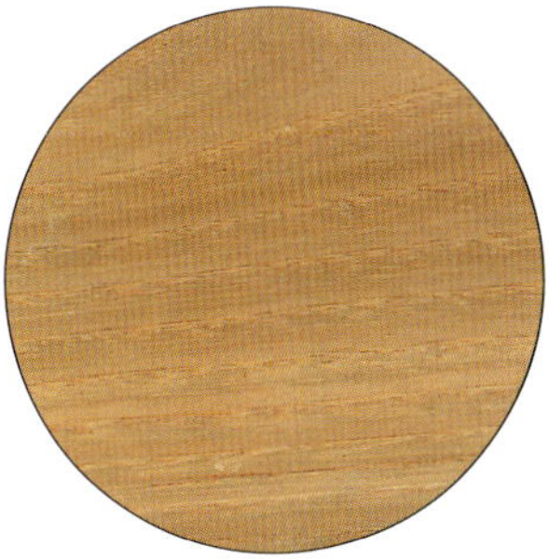

CASTANEA SATIVA Familie: FAGACEAE

Edelkastanie

2 2 6 6 4 6 H

VORKOMMEN
Wächst in West- und Südeuropa, Nordafrika und im westlichen Asien.

ERSCHEINUNGSBILD
Das Kernholz hebt sich durch sein an Eiche erinnerndes dunkles Strohgelb vom dünnen Splintholz ab. Es zeigen sich deutliche Wachstumsringe und feine Strahlen. Die Faser ist gerade, aber oftmals auch drehwüchsig bei grober Textur.

EIGENSCHAFTEN
Darrdichte liegt bei 540 kg/m^3. Beim Trocknen hält das Holz partiell Feuchtigkeit und reagiert empfindlich auf Konditionierung in der Trockenkammer. Seine saure Natur führt bei Feuchtigkeit zu Korrosion an Eisenbeschlägen. Verfügt über geringe Biegefestigkeit, sehr geringe Tragfähigkeit und Schlagfestigkeit, aber mittlere Druckfestigkeit. Freiluftgetrocknetes, astfreies Holz hat gute Dampfbiegeeigenschaften.

VERARBEITUNG
Läßt sich gut von Hand und maschinell bearbeiten und stumpft das Werkzeug nur gering ab. Guter Halt für Schrauben und Nägel. Läßt sich gut kleben und hat gebeizt und poliert eine schöne Oberfläche.

HOLZSCHUTZ
Das Splintholz ist anfällig für den Splintholz- und den gewöhnlichen Nagekäfer. Das Kernholz ist alterungsbeständig und sehr resistent gegen Holzschutzbehandlung.

VERWENDUNG
Haushaltsgegenstände, Drechslerwaren, Zäune sowie als Dauben für Öl-, Fett- und Weinfässer.

CASTANOSPERMUM AUSTRALE Familie: LEGUMINOSAE

Handelsname ist nicht bekannt

4 6 8 7 6 7 H

VORKOMMEN
Dieser kleine bis mittelgroße Baum wächst in den feuchten Buschwäldern Australiens und wird dort u.a. als „Blackbean", „Moreton Bay Bean", „Moreton Bay Chestnut" und „Beantree" bezeichnet.

ERSCHEINUNGSBILD
Das Kernholz ist schokoladenbraun mit schmalen graubraunen Streifen aus Parenchymgewebe. Die Faser ist in der Regel gerade, kann aber wechseldrehwüchsig sein, was zu einer dekorativen Zeichnung führt. Die Textur ist grob.

EIGENSCHAFTEN
Darrdichte liegt bei 700 kg/m^3. Das Holz ist schwer zu trocknen und erfordert langsame Freiluft-Vortrocknung vor der Kammertrocknung, um ein Aufspalten zu vermeiden. Neigt zur Schwindung und reagiert ungünstig auf Konditionierung. Arbeitet moderat und verfügt über eine mittlere Einstufung in den meisten Kategorien, ist aber nicht sehr schlagfest. Die Dampfbiegeeigenschaften sind schlecht.

VERARBEITUNG
Schwer maschinell zu bearbeiten, da weiche Stellen mit leichterem Gewebe während des Hobelns oder Stemmens zerfasern, wenn das Werkzeug nicht scharf genug ist. Die Abstumpfung ist moderat. Schrauben und Nägel halten zufriedenstellend, die Klebeeigenschaften sind unterschiedlich.

HOLZSCHUTZ
Das Splintholz ist permeabel und anfällig für den Splintholzkäfer. Das Kernholz ist sehr resistent gegen Holzschutzbehandlung.

VERWENDUNG
Möbel, Kunsttischlerei, Innenausbau, Drechslerei, Schnitzhandwerk.

3
4
6
5
4
4
W

CEDRUS SPP. Familie: *PINACEAE*

Zeder

VORKOMMEN

Bei der Gattung *Cedrus* handelt es sich um die echten Zedern, die in Algerien und Marokko, dem westlichen Himalaya und dem Libanon wachsen.

ERSCHEINUNGSBILD

Das Kernholz ist hellbraun mit deutlichen Wachstumsringen und hebt sich recht stark vom helleren Kernholz ab. Die Himalayazeder ist geradfaserig, aber die Atlas- und die Libanonzeder sind in der Regel knotig mit stark unregelmäßigem Faserwuchs.

EIGENSCHAFTEN

Darrdichte beträgt etwa 560 kg/m^3. Trocknet leicht, arbeitet moderat und hat mittlere Biegefestigkeit. Schwache Eigenschaften in den anderen Kategorien sowie schlechte Dampfbiegeeigenschaften.

VERARBEITUNG

Läßt sich leicht von Hand und maschinell bearbeiten. Stumpft das Werkzeug nur leicht ab, das scharf gehalten werden sollte. Alterungsbeständig und langlebig. Erhält durch Beizen, Lacke, Farben und Polituren eine schöne Oberfläche.

HOLZSCHUTZ

Das Splintholz ist anfällig für Eichenkernkäfer und Langhornböcke. Das Kernholz ist resistent gegen Holzschutzbehandlung. Das Splintholz variiert von moderat resistent bis permeabel.

VERWENDUNG

Möbel, Innenausbau und Türen. Niedrige Qualitäten werden in den Herkunftsländern für Pflasterholz, Eisenbahnschwellen, Brücken- und Hausbau verwendet. Knotiges Material wird für Gartenmöbel verwendet. Ausgewählte Stämme werden zu Furnier verarbeitet.

2
3
5
5
3
5
H

CEDRELA SPP. Familie: *MELIACEAE*

Spanische Zeder

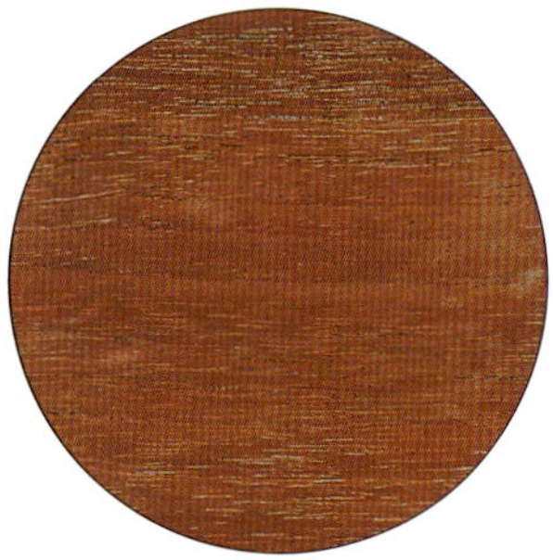

VORKOMMEN

Keine echte Zeder (*Cedrus spp.*). Der Name Zeder wurde für viele Harthölzer mit ähnlichem Duft verwendet. Wächst u.a. im tropischen Mittel- und Südamerika, Mexiko und Brasilien.

ERSCHEINUNGSBILD

Die rosébraunen jungen Bäume sind nicht so geradfaserig, verfügen aber über eine feine Textur. Dunkleres Holz stammt von reifen, langsam gewachsenen Bäumen und ist harzhaltiger und geradfaseriger, aber oft wechseldrehwüchsig und verfügt über eine grobere Textur.

EIGENSCHAFTEN

Darrdichte liegt bei 370–750 kg/m^3, im Durchschnitt bei 480 kg/m^3. Arbeitet wenig. Mittlere Festigkeit in allen Kategorien und moderat gute Dampfbiegeeigenschaften.

VERARBEITUNG

Leicht von Hand oder maschinell zu bearbeiten. Bietet wenig Widerstand gegen scharf gehaltene Messer.

HOLZSCHUTZ

Alterungsbeständig, aber das Splintholz ist anfällig für Splintholzkäfer. Kernholz ist extrem resistent gegen Holzschutzbehandlung. Das Splintholz ist permeabel.

VERWENDUNG

Hochwertige Gehäuse, Möbel, Truhen, Innenausbau, Paneele, Bootsbau. Wird zu Spanholz und Furnier verarbeitet. Die ständig hohe Nachfrage hat zu Qualitätsverschlechterung geführt, während Ersatzhölzer Marktanteile gewonnen haben.

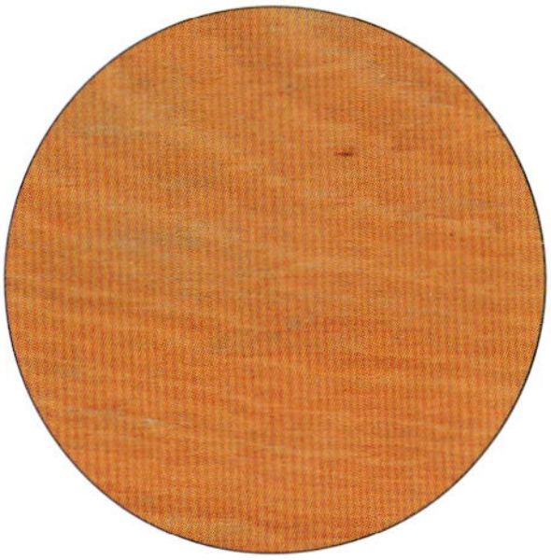

CERATOPETALUM APETALEM Familie: CUNONACEAE

Boola

7 | 6 | 8 | 6 | 6 | 8 | H

VORKOMMEN
Der mittelgroße australische Baum wächst in New South Wales und Queensland.

ERSCHEINUNGSBILD
Hellbraunes bis rosébraunes Splintholz, das sich nicht klar vom nur wenig dunkleren Kernholz abhebt. Dichte, gerade Faser mit feinen Strahlen, die eine getüpfelte Zeichnung auf radial geschnittenen Flächen ergeben. Feine, gleichförmige Textur.

EIGENSCHAFTEN
Darrdichte etwa 620 kg/m³. Trocknet recht schnell mit der Neigung zum Aufspalten und Werfen. Arbeitet moderat bei mittlerer Biegefestigkeit, Tragfähigkeit und Schlagfestigkeit. Geringe Druckfestigkeit und gute Dampfbiegeeigenschaften.

VERARBEITUNG
Leicht von Hand und maschinell zu bearbeiten. Ergibt eine glatte Oberfläche, kann allerdings beim Bohren oder Stemmen beim Absetzen des Werkzeugs absplittern. Nägel benötigen eine Vorbohrung. Läßt sich gut kleben und nimmt Beizen gut an.

HOLZSCHUTZ
Das Splintholz ist anfällig für Befall durch den Splintholzkäfer. Das Holz ist nicht alterungsbeständig, aber permeabel für Holzschutzbehandlung.

VERWENDUNG
Möbel, Kunsttischlerei und Paneele. Wird im Herkunftsland vielfach für Innenausbau und Abschlußleisten und als Formholz verwendet. Eignet sich auch für Musikinstrumente und Bodenbeläge in Wohnräumen.

CERCIDIPHYLLUM JAPONICUM Familie: TROCHODENDRACEAE

Judasbaum

3 | 4 | 4 | 3 | 7 | 6 | H

VORKOMMEN
Wächst in erster Linie in den nördlichen gemäßigten Wäldern Japans, aber auch in China und Korea.

ERSCHEINUNGSBILD
Das Kernholz zeigt ein helles Mittelbraun. Kommerziell genutzt werden nur geradfaserige Stämme mit einer sehr feinen, kompakten und gleichmäßigen Textur und hohem Glanz. Farbliche Auflockerung durch die hellen, dünnen Linien der Wachstumsringe.

EIGENSCHAFTEN
Das Weichholz hat eine Darrdichte von 460 kg/m³. Trocknet leicht ohne Schwindung und arbeitet wenig. Verfügt über mittlere Biege- und Druckfestigkeit bei geringer Tragfähigkeit und Schlagfestigkeit. Mäßige Dampfbiegeeigenschaften.

VERARBEITUNG
Angenehm von Hand und maschinell zu bearbeiten bei Erzielung glatter Oberflächen. Kein guter Halt für Nägel und Beschläge, läßt sich aber gut kleben und nimmt Beizen und Polituren gut an.

HOLZSCHUTZ
Das Splintholz ist anfällig für Insektenbefall. Das Holz ist nicht alterungsbeständig, aber permeabel für Holzschutzbehandlung.

VERWENDUNG
Bildhauerei, Schnitzerei, Modellherstellung für Gießereien, Profilleisten, Gravuren, Kunsttischlerei und hochwertiger Innenausbau in den Herkunftsländern.

CHAMAECYPARIS LAWSONIANA Familie: *CUPRESSACEAE*

3 4 5 5 4 6 W

Scheinzypresse

VORKOMMEN
Dieser Baum wird in zahlreichen Ländern angepflanzt, wächst aber hauptsächlich in Nordamerika entlang der gesamten Westküste, insbesondere im südlichen Oregon. Wird auch Lebensbaum genannt.

ERSCHEINUNGSBILD
Das Kernholz ist blaßrosébraun und hebt sich nicht deutlich vom Splintholz ab. Verfügt über gerade Fasern und eine feine, gleichförmige Textur. Hin und wieder kommt ein orangegelber Harzaustritt vor.

EIGENSCHAFTEN
Darrdichte etwa 480 kg/m³. Holz trocknet gut mit geringer Schwindung und arbeitet wenig. Mittlere Biege- und Druckfestigkeit, geringe Tragfähigkeit, aber gute Schlagfestigkeit und schlechte Dampfbiegeeigenschaften.

VERARBEITUNG
Gut von Hand und maschinell zu bearbeiten, und stumpft das Werkzeug nur geringfügig ab. Schrauben und Nägel halten nur mit Schwierigkeiten. Kann zufriedenstellend geklebt werden und zeigt gute Ergebnisse mit Beizen.

HOLZSCHUTZ
Häufig Schäden durch Langhornböcke und manchmal auch durch Holzwespen (*Sirex*). Das Holz ist bedingt alterungsbeständig, aber das Splintholz ist permeabel für druckimprägnierte Holzschutzmittel und mit dem Pinsel aufgebrachte, wasserlösliche Holzschutzmittel (Borsalze).

VERWENDUNG
Boots- und Wasserbau, Ruder, Kanupaddel, Pfeile, Innen- und Außenbau, Möbel und Furniere.

CHAMAECYPARIS NOOTKANENSIS Familie: *CUPRESSACEAE*

3 4 5 5 6 6 W

Alaskazeder

VORKOMMEN
In Nordamerika an der gesamten Westküste von Alaska bis Oregon heimisch. Die größten Exemplare dieser auch als Nutka bekannten Gattung wachsen in Alaska und dem Norden British Columbias.

ERSCHEINUNGSBILD
Blaßgelb und geradfaserig mit feiner, gleichmäßiger Textur.

EIGENSCHAFTEN
Darrdichte beträgt etwa 480 kg/m³. Das Holz sollte langsam trocknen, um eine Rißbildung zu vermeiden. Sehr alterungsbeständig, und im konvertierten Zustand wenig arbeitend. Mittlere Biege- und Druckfestigkeit, aber geringe Tragfähigkeit und Schlagfestigkeit sowie sehr schlechte Dampfbiegeeigenschaften.

VERARBEITUNG
Gut von Hand und maschinell zu bearbeiten bei nur geringfügiger Abstumpfung des Werkzeugs. Schrauben und Nägel halten ohne Schwierigkeit. Läßt sich zufriedenstellend kleben, beizen, färben und lackieren und nimmt eine schöne Oberfläche an.

HOLZSCHUTZ
Ein alterungsbeständiges Holz, das gegen Holzschutzbehandlung resistent ist.

VERWENDUNG
Hochwertige Tischlerei, Fensterrahmen, Innenflächen und Kunsttischlerei. Das Holz aus Alaska ist schwerer und wird im Schiffsbau sowie für Außenbauten, Fassadenverkleidungen und Dachschindeln verwendet.

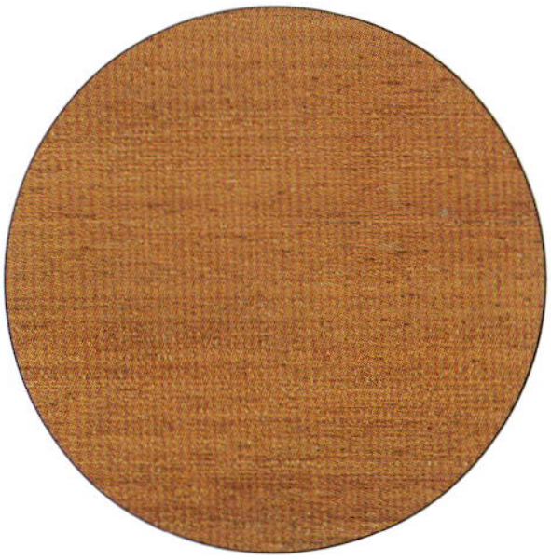

CHLOROPHORA EXCELSA Familie: MORACEAE

Iroko

2
2
6
8
6
6
H

VORKOMMEN
Der lichtliebende Baum wächst in den feuchten, regen- und immergrünen Regenwäldern des tropischen Afrika, von Sierra Leone im Westen bis nach Tansania im Osten. In Ostafrika auch bekannt als Mvule, in Ghana und an der Elfenbeinküste als Odum, in Moçambique als Tule oder Intule und in Angola als Moreira.

ERSCHEINUNGSBILD
Das blasse Splintholz hebt sich deutlich vom gelbbraunen Kernholz ab, das zu einem tieferen Braun reift. Der Faserwuchs ist für gewöhnlich wechseldrehwüchsig und manchmal unregelmäßig.

EIGENSCHAFTEN
Darrdichte etwa 640 kg/m³. Holz trocknet schnell bei geringer Schwindung und arbeitet wenig. Mittlere Biege- und Druckfestigkeit bei sehr geringer Tragfähigkeit und Schlagfestigkeit sowie moderaten Dampfbiegeeigenschaften.

VERARBEITUNG
Einlagerungen von Kalziumkarbonat können das Sägeblatt beschädigen. Wichtig sind geschärfte oder gehärtete Sägezähne. Der Halt von Nägeln, Schrauben und Klebstoff ist zufriedenstellend.

HOLZSCHUTZ
Das Splintholz ist anfällig für Befall durch den Splintholzkäfer. Das Holz ist sehr alterungsbeständig und resistent gegen Holzschutzbehandlung, aber das Splintholz ist permeabel.

VERWENDUNG
Ausstattungsholz für Möbel, Innen- und Außenbau, Furnierholz, Parkett und Konstruktionsholz. Beliebt für Bildhauerei, Schnitzerei und Drechselei.

CORDIA SPP. Familie: BORAGINACEAE

Cordia

2
2
4
7
4
5
H

VORKOMMEN
Etwa 250 Cordia-Arten sind bekannt. Die afrikanische Spezies ist laubabwerfend und wächst in den semitropischen Regenwäldern Kenias, Tansanias und Nigerias.

ERSCHEINUNGSBILD
Das rahmweiße Splintholz hebt sich vom gold- bis mittelbraunen Kernholz ab. Es dunkelt für gewöhnlich während der Reifung nach. Der Faserwuchs variiert von relativ gerade bis hin zu wechseldrehwüchsig oder unregelmäßig und die Strahlen ergeben eine attraktive Zeichnung.

EIGENSCHAFTEN
Darrdichte des Kernholzes etwa 440 kg/m³. Trocknet gut ohne übermäßiges Aufspalten oder Werfen. Arbeitet wenig bei geringer Biegefestigkeit, sehr geringer Tragfähigkeit, mittlerer Druckfestigkeit und sehr geringer Schlagfestigkeit. Verfügt nur über schlechte Dampfbiegeeigenschaften.

VERARBEITUNG
Läßt sich leicht von Hand und maschinell bearbeiten. Werkzeug sollte scharf gehalten werden, um eine glatte Oberfläche zu bekommen. Nagelhalt und Klebeeigenschaften sind zufriedenstellend.

HOLZSCHUTZ
Das äußere Kernholz ist sehr alterungsbeständig, aber das innere Kernholz ist nur moderat alterungsbeständig und resistent gegen Holzschutzbehandlung.

VERWENDUNG
Dekorative Möbelteile. Wird im Herkunftsland auch für Trommeln, Klangbretter und Kanus verwendet.

6 5 5 3 2 5 W

CUPRESSUS SPP. Familie: CUPRESSACEAE

Afrikanische Zypresse

VORKOMMEN
Einheimische Nadelbäume sind in ihrem Vorkommen in Afrika auf die Mittelmeerregion und die Bergwälder Zentral- und Ostafrikas beschränkt und wurden in Südafrika heimisch gemacht.

ERSCHEINUNGSBILD
Das Kernholz ist gelb bis rosébraun, das Splintholz ist heller und bis zu 10 cm dick. Das Holz ist geradfaserig und die Textur ist fein und relativ gleichmäßig.

EIGENSCHAFTEN
Darrdichte etwa 450 kg/m^3. Im Vergleich zum Gewicht sehr belastbar, aber aufgrund von Faserabweichungen im Holz nur schlechte Dampfbiegeeigenschaften. Es trocknet recht leicht bei geringer Schwindung und arbeitet wenig.

VERARBEITUNG
Läßt sich gut von Hand und maschinell bearbeiten und stumpft das Werkzeug nur geringfügig ab, wobei die Faserabweichungen Probleme bereiten können. Vorsicht bei der Arbeit an den Endfasern, da das Holz beim Absetzen des Werkzeugs splittern kann. Schrauben, Nägel und Klebstoff halten gut und das Holz nimmt alle Oberflächenbehandlungen an.

HOLZSCHUTZ
Hochgradig resistent gegen Insekten- und Pilzbefall, sowie gegen Holzschutzbehandlung.

VERWENDUNG
Wird für Außenkonstruktionen mit Bodenkontakt im Baugewerbe, für den Innenbau, im Schiffsbau und für Möbel verwendet.

8 4 10 7 6 8 H

DALBERGIA SPP. Familie: FABACEAE

Riopalisander und Honduraspalisander

VORKOMMEN
Riopalisander (*Dalbergia Nigra*) war über Jahrhunderte hinweg ein geschätztes Holz, ist mittlerweile aber sehr rar geworden. Wächst in den Regenwäldern Brasiliens.

ERSCHEINUNGSBILD
Das Kernholz ist von sattem Braun mit gold- bis schokoladenbraunen und violett- bis purpurschwarzen Streifen – es hebt sich scharf vom eher cremefarbenen Splintholz ab. Der Faserwuchs ist hauptsächlich gerade bis wellig, die Textur ist grob und fühlt sich ölig und sandig an. Der Honduraspalisander (*Dalbergia stevensonii*) verfügt über rosé- bis purpurbraunes Kernholz mit vereinzelten schwarzen Strahlen und ist geradfaserig mit mittelfeiner bis feiner Textur.

EIGENSCHAFTEN
Darrdichte von Riopalisander 800 kg/m^3, von Honduraspalisander 900–1000 kg/m^3. Beide Hölzer trocknen an der Luft langsam und neigen zum Reißen, arbeiten aber wenig bei hoher Einstufung in fast allen Kategorien, geringer Tragfähigkeit und guten Dampfbiegeeigenschaften.

VERARBEITUNG
Relativ einfach zu bearbeiten, stumpft das Werkzeug jedoch stark ab. Beide Hölzer sind sehr alterungsbeständig.

HOLZSCHUTZ
Beide Hölzer sind extrem resistent gegen Holzschutzbehandlung.

VERWENDUNG
Ausstattungsholz und Spezialholz. Beide Hölzer dürfen nach dem Washingtoner Artenschutzabkommen nicht gehandelt werden.

DALBERGIA CEARENSIS Familie: *FABACEAE*

Bois de violette

VORKOMMEN
Kommt hauptsächlich in Brasilien vor, wo es auch unter dem Namen Violete bekannt ist.

ERSCHEINUNGSBILD
Die Grundfarbe des Kernholzes bildet ein sattes, bis zum Schwarz hin schattiertes Violettbraun, das mehrfarbige Streifen in Schwarz, Violettschwarz oder Violettbraun und manchmal Goldgelb aufweist. Das fast weiße Splintholz ist deutlich abgesetzt. Das Kernholz besitzt einen leuchtenden Glanz, eine feine, gleichmäßige Textur und eine sehr glatte Oberfläche.

EIGENSCHAFTEN
Hohe Darrdichte von 1200 kg/m^3. Bei der Freilufttrocknung ist Vorsicht geboten um ein Aufspalten zu vermeiden, in der Kammer trocknet es aber gut und ohne Schwindung und arbeitet wenig. Sehr hohe Einstufung in allen Kategorien.

VERARBEITUNG
Läßt sich von Hand und maschinell relativ gut bearbeiten, solange die Messer sehr scharf sind. Werkzeug wird moderat abgestumpft. Nägel und Schrauben halten gut, aber es muß vorgebohrt werden.

HOLZSCHUTZ
Dieses Holz ist alterungsbeständig und extrem resistent gegen Holzschutzbehandlung.

VERWENDUNG
Wird häufig für die Restaurierung und Reproduktion von Möbeln sowie zum Drechseln und für Schnitzerei verwendet. Unterliegt Handelsbeschränkungen.

DALBERGIA LATIFOLIA Familie: *FABACEAE*

Ostindischer Palisander

VORKOMMEN
Ein großer Baum, der in Südasien, Ostindien und Sri Lanka gedeiht. Auch als Ostindisches Rosenholz bekannt. In Indien auch Shisham, Sissoo und Biti genannt.

ERSCHEINUNGSBILD
Das Splintholz ist cremegelb mit rötlicher Tönung und ist scharf vom purpurbraunen Kernholz getrennt. Zeigt auf radial geschnittenen Flächen dekorative Strahlen mit gleichmäßiger und mittelgrober Textur.

EIGENSCHAFTEN
Darrdichte etwa 800 kg/m^3. Langsame Trocknung verbessert die Färbung. Arbeitet wenig bei hoher Biege- und Druckfestigkeit, mittlerer Schlagfestigkeit, geringer Tragfähigkeit und guten Dampfbiegeeigenschaften.

VERARBEITUNG
Relativ schwierig von Hand oder maschinell zu bearbeiten. Werkzeuge stumpfen stark ab. Ungeeignet zum Nageln oder Schrauben, aber zufriedenstellender Klebehalt.

HOLZSCHUTZ
Das Splintholz ist anfällig für Befall durch den Splintholzkäfer, aber das Kernholz ist sehr alterungsbeständig und resistent gegen Holzschutzbehandlung.

VERWENDUNG
Hochwertige Möbel, Vertäfelungen und Parkett. Eignet sich gut zum Drechseln und Schnitzen. Spezialholz für Musikinstrumente und Intarsien sowie Verwendung als Furnierholz. Ist in Europa nur in geringen Mengen erhältlich.

8 | 9 | 10 | 10 | 9 | 10 | H

DALBERGIA MELANOXYLON Familie: FABACEAE

Afrikanisches Grenadill

VORKOMMEN
Der kleine, mehrstämmige Baum wächst zumeist im ostafrikanischen Moçambique, wo er als Moçambique-Ebenholz bekannt ist, und in Tansania, wo er Mpingo heißt. Kein Ebenholz, sondern eng mit dem Rosenholz verwandt.

ERSCHEINUNGSBILD
Das dünne Splintholz hebt sich vom Kernholz ab, das durch seine purpurbraune Farbe mit schwarzen Streifen fast schwarz wirkt. Gerader bis wechseldrehwüchsiger Faserwuchs mit sehr feiner Textur.

EIGENSCHAFTEN
Sehr hart bei einer Darrdichte von 1100 kg/m^3. Muß extrem langsam getrocknet und abgelagert werden, um Rißbildung zu vermeiden. Arbeitet nicht und schwindet kaum. Sehr alterungsbeständig und stark in allen Kategorien. Geradfaseriges Holz verfügt über gute Dampfbiegeeigenschaften.

VERARBEITUNG
Es empfiehlt sich die Verwendung von gehärteten Sägeblättern, um die Abstumpfung gering zu halten. Zum Nageln und Schrauben muß vorgebohrt werden. Zufriedenstellender Klebehalt und schöne Oberfläche nach Politur.

HOLZSCHUTZ
Das Splintholz ist anfällig für Befall durch den Splintholzkäfer. Das Kernholz ist sehr alterungsbeständig und extrem resistent gegen Holzschutzbehandlung.

VERWENDUNG
Umfangreiche Verwendung für Musikinstrumente und Kunst- und Gebrauchsdrechselei. Wird in Afrika oftmals für Schnitzereien und Intarsien verwendet.

---

9 | 8 | 10 | 10 | 10 | 10 | H

DALBERGIA RETUSA Familie: FABACEAE

Cocobolo

VORKOMMEN
Wächst entlang der Pazifikküste Zentralamerikas von Mexiko bis Panama.

ERSCHEINUNGSBILD
Frisch geschnitten zeigt das Kernholz zahlreiche Farben von Gelborange bis hin zu sattem Tiefrot mit mehrfarbigen Streifen. Der Faserwuchs variiert von gerade zu unregelmäßig und ist hin und wieder wellig mit einer mittelfeinen, gleichmäßigen Textur.

EIGENSCHAFTEN
Darrdichte liegt bei 650–900 kg/m^3 und liegt im Durchschnitt bei 800 kg/m^3. Trocknet langsam mit Tendenz zum Reißen und Aufspalten. Hohe Festigkeit in allen Kategorien, was im Hinblick auf die Verwendung aber keine Rolle spielt.

VERARBEITUNG
Nicht besonders schwierig von Hand oder maschinell zu bearbeiten, aber mittlere Abstumpfung des Werkzeugs, das sehr scharf gehalten werden sollte. Aufgrund der natürlichen Öligkeit schwierig zu kleben.

HOLZSCHUTZ
Das Kernholz ist sehr alterungsbeständig und resistent gegen Holzschutzbehandlung.

VERWENDUNG
Ideal für Drechselei geeignet, wird es für Haushalts- und Werkzeuggriffe verwendet. Auch sehr geschätzt in der Bildhauerei und Schnitzerei. Ausgewählte Stämme werden zu Furnieren, Intarsien und Paneelen verarbeitet. In Europa nur in geringen Mengen erhältlich.

DIOSPYRUS SPP. Familie: EBENACEAE

Schwarzes Ebenholz

8
8
10
10
10
10
H

VORKOMMEN
Wächst hauptsächlich in Südnigeria, Ghana, Kamerun und Zaire.

ERSCHEINUNGSBILD
Das schwarze Kernholz wird seit den Tagen der alten Ägypter hoch geschätzt. *D. crassiflora* gilt als das schwärzeste, während andere Spezies über sehr attraktives, schwarz- und braungestreiftes Kernholz verfügen. Für gewöhnlich geradfaserig bis wechseldrehwüchsig oder wirbelwüchsig. Die Textur ist sehr fein und gleichmäßig.

EIGENSCHAFTEN
Darrdichte etwa 1020 kg/m³. Trocknet an der Luft relativ schnell, neigt aber zu Oberflächenrissen, auch wenn die Kammertrocknung nur geringe Schwindung verursacht. Arbeitet wenig bei hohen Festigkeitswerten und guten Dampfbiegeeigenschaften.

VERARBEITUNG
Schwierig von Hand oder maschinell zu bearbeiten. Werkzeuge stumpfen stark ab. Beim Hobeln von wirbelwüchsigem Holz auf radial geschnittenen Oberflächen empfiehlt sich ein reduzierter Anstellwinkel. Zum Nageln und Schrauben vorbohren.

HOLZSCHUTZ
Das Kernholz ist sehr alterungsbeständig und extrem resistent gegen Holzschutzbehandlung.

VERWENDUNG
Wird verwendet in der Bildhauerei, Schnitzerei, Drechselei sowie für Handgriffe wie auch Musikinstrumente, luxuriöse Kunsttischlerei, Marketerie und Intarsien. In Europa nur in geringen Mengen erhältlich.

DIOSPYRUS SPP. Familie: EBENACEAE

Gestreiftes Ebenholz/Makassar-Ebenholz

9
8
10
10
10
10
H

VORKOMMEN
Ebenholz existiert in zwei Ausprägungen: Das Makassar-Ebenholz gehört mit seinem gestreiften Erscheinungsbild zu den farbstreifigen Ebenhölzern. Im Gegensatz hierzu steht z.B. das ostindische Ebenholz (*D. ebenum*) mit seinem tiefschwarz gefärbten Kernholz, das zu den schwarzen Ebenhölzern gehört. Makassar-Ebenholz wächst in Sri Lanka und Südindien, wo es Tendu, Tuki oder Ebans heißt.

ERSCHEINUNGSBILD
Makassar-Ebenholz (*D. discolor*) verfügt über einen mittelbraunen Grundton mit beigefarbenen und schwarzen Streifen. Der Faserwuchs variiert von gerade bis wellig mit feiner, gleichmäßiger Textur und metallischem Glanz.

EIGENSCHAFTEN
Darrdichte liegt bei 1000 kg/m³. Neigt zum Reißen, wenn es nicht langsam getrocknet wird, und ist in allen Kategorien stark. Das Splintholz verfügt über gute Dampfbiegeeigenschaften.

VERARBEITUNG
Das Kernholz ist sehr schwierig maschinell zu bearbeiten und stumpft Werkzeug stark ab. Es sollte verstärkter Druck angewendet werden, damit sich das Holz nicht aufrichtet und unter dem Messer vibriert.

HOLZSCHUTZ
Anfällig für Käferbefall, aber sehr alterungsbeständig und extrem resistent gegen Holzschutzbehandlung.

VERWENDUNG
Hochwertige Möbel, Bildhauerei, Schnitzerei, Drechslerwaren, Handgriffe, Musikinstrumente und Intarsien.

8
6
10
10
8
9
H

DIOSPYRUS VIRGINIANA Familie: EBENACEAE

Persimmon

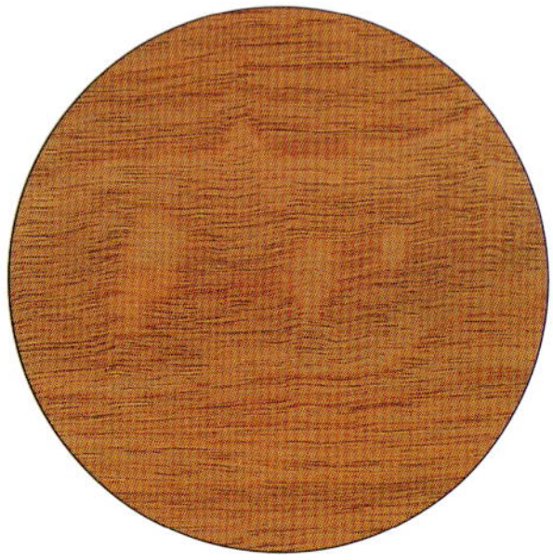

VORKOMMEN
Gehört der Ebenholzfamilie an. Wächst im östlichen und mittleren Nordamerika. Auch als virginische Dattelpflaume bekannt.

ERSCHEINUNGSBILD
Verfügt über dünnes Kernholz mit braunen bis schwarzen Streifen. Das wertvolle, geradfaserige Splintholz ist gelblichweiß mit grauer Tönung und verfügt über eine feine gleichmäßige Textur.

EIGENSCHAFTEN
Darrdichte etwa 780 kg/m³. Arbeitet abhängig von der Luftfeuchtigkeit stark. Hohe Biege- und Druckfestigkeit bei mittlerer Tragfähigkeit und Schlagfestigkeit. Zum Dampfbiegen bedingt geeignet.

VERARBEITUNG
Ein sehr zähes Holz, das sich gut von Hand oder maschinell bearbeiten läßt. Werkzeuge werden mittelstark abgestumpft und sollten scharf gehalten werden. Muß zum Nageln und Schrauben vorgebohrt werden, bietet aber problemlosen Klebehalt. Kann zu einer auffällig glatten und glänzenden Oberfläche poliert werden.

HOLZSCHUTZ
Das Splintholz ist anfällig für Befall durch den Splintholzkäfer. Das Kernholz ist alterungsbeständig und resistent gegen Holzschutzbehandlung.

VERWENDUNG
Das Splintholz wird zu Weberschiffchen, Golfschlägerköpfen, Werkzeuggriffen und Ausstattungsholz für Möbel und Parkett verwendet. Beliebt zum Drechseln und Schnitzen.

6
8
8
8
7
9
H

DIPTEROCARPUS SPP. Familie: DIPTEROCARPACEAE

Keruing

VORKOMMEN
Diese immergrünen Hartholzbäume wachsen in ganz Südostasien von Indien über Burma, Thailand, Malaysia und Indonesien bis hin zu den Philippinen.

ERSCHEINUNGSBILD
Das Kernholz variiert in der Farbe von Rosébraun bis Dunkelbraun und ist recht unauffällig. Die Faser ist für gewöhnlich gerade bis leicht wechseldrehwüchsig mit mittelgrober, aber gleichmäßiger Textur.

EIGENSCHAFTEN
Darrdichte liegt bei 800 kg/m³. Läßt sich nur schwer ohne Schwindung trocknen. Arbeitet moderat bis stark. Verfügt über hohe Biege- und Druckfestigkeit, hohe Tragfähigkeit und mittlere Schlagfestigkeit. Keruing aus Sabah hat moderate Dampfbiegeeigenschaften.

VERARBEITUNG
Bei einigen Exemplaren tritt Harz aus, das die maschinelle Bearbeitung schwierig macht, so daß sich hartmetallbestückte Werkzeuge empfehlen. Trotz der moderaten bis starken Abstumpfung läßt sich bei geradfaserigem Holz eine feinfaserige Oberfläche erreichen. Aufgrund des Harzgehalts ist beim Kleben und der abschließenden Oberflächenbehandlung (z.B. mit Lacken) Vorsicht geboten.

HOLZSCHUTZ
Das Splintholz ist anfällig für den Splintholzkäfer. Das Kernholz ist moderat alterungsbeständig und häufig extrem resistent gegen Holzschutzbehandlung.

VERWENDUNG
Konstruktionsholz im Innen- und Außenbau, Rahmen und Bodenbeläge. Wird auch zu Span- und Furnierholz verarbeitet. In Europa nur unregelmäßig erhältlich.

DISTEMONANTHUS BENTHAMIANUS **Familie:** *CAESALPINIACEAE*

Movingui

VORKOMMEN

Kommt im gesamten tropischen Westafrika von der Elfenbeinküste bis nach Gabun und Zaire vor.

ERSCHEINUNGSBILD

Das Splintholz ist blaßgelb und hebt sich nicht deutlich vom Kernholz ab, das in der Farbe von Gelb bis Goldbraun variiert. Die Faser ist meist unregelmäßig und wechseldrehwüchsig, manchmal auch wellig mit feiner und gleichmäßiger Textur und einer glänzenden Oberfläche.

EIGENSCHAFTEN

Darrdichte variiert von 600–800 kg/m^3 bei einem Durchschnitt von 680 kg/m^3. Verfügt über mittlere Biege- und hohe Druckfestigkeit bei geringer Tragfähigkeit und Schlagfestigkeit. Die Dampfbiegeeigenschaften sind moderat.

VERARBEITUNG

Recht schwierig maschinell zu bearbeiten, da der Kieselerdegehalt im Holz das Werkzeug stark abstumpft. Gummiharzablagerungen auf dem Sägeblatt erfordern einen steileren Anstellwinkel. Muß zum Nageln vorgebohrt werden.

HOLZSCHUTZ

Moderat alterungsbeständig mit gewisser Resistenz gegen Termiten in Westafrika. Das Kernholz ist resistent gegen Holzschutzbehandlung.

VERWENDUNG

Konstruktions- und Ausstattungsholz für Außenbauten, Türen, Fensterrahmen und -bretter und Schiffseinbauten. Wird im Innenbau und für kunstvolle Möbel verwendet. Wird außerdem zu Spanholz und dekorativen Furnieren verarbeitet. In Europa nur gelegentlich in geringen Mengen erhältlich.

ENDIANDRA PALMERSTONII **Familie:** *LAURACEAE*

Australischer Nußbaum

VORKOMMEN

Dieser australische Baum ist kein echter Nußbaum (*Juglans spp.)*. Wächst großflächig im nördlichen Queensland.

ERSCHEINUNGSBILD

Erinnert auffällig an den europäischen Nußbaum, die Textur ist aber deutlicher gestreift. Das roséfarbene Splintholz ist dünn und das Kernholz variiert in der Farbe von Grau bis Mittelbraun, oftmals bis hin zu Dunkelbraun, mit roséfarbenen, graugrünen oder schwarzvioletten Streifen. Die Faser ist wechseldrehwüchsig und oftmals wellig.

EIGENSCHAFTEN

Darrdichte beträgt 670 kg/m^3. Trocknet im Freien relativ schnell mit der Tendenz zu Endrissen, in kleineren Stückgrößen in der Kammer schnell und ohne Rißbildung, neigt aber zum Werfen. Arbeitet moderat und verfügt über mittlere Biege- und Schlagfestigkeit, geringe Tragfähigkeit und hohe Druckfestigkeit bei moderaten Dampfbiegeeigenschaften.

VERARBEITUNG

Schwierig zu bearbeiten. Erfordert gehärtete und schnellaufende Sägeblätter, um die Abstumpfung zu überwinden. Der Klebehalt ist zufriedenstellend, Nagel- und Schraubenhalt sind gut.

HOLZSCHUTZ

Das Kernholz ist nicht alterungsbeständig und resistent gegen Holzschutzbehandlung, aber das Splintholz ist permeabel.

VERWENDUNG

Ausstattungsholz für Innen- und Außenbau, Furnierholz, Parkett.

4
2
6
8
4
6
H

ENTANDROPHRAGMA ANGOLENSE Familie: MELIACEAE

Tiama

VORKOMMEN
Dieser große laubabwerfende Baum wächst in den halbimmergrünen Wäldern West-, Zentral- und Ostafrikas, von Uganda im Osten bis Angola und zur Elfenbeinküste im Westen.

ERSCHEINUNGSBILD
Das Kernholz ist recht stumpf und unauffällig mit leicht rötlichbrauner Färbung und flach wechseldrehwüchsiger Faser. Manche Stämme haben ein helleres, blaßroségraues Kernholz, ähnlich dem roségrauen Splintholz.

EIGENSCHAFTEN
Darrdichte beträgt 520 kg/m^3. Trocknet schnell mit Verwerfungen und arbeitet moderat. Mittlere Druckfestigkeit, geringe Biege- und Schlagfestigkeit und sehr geringe Tragfähigkeit bei schlechten Dampfbiegeeigenschaften.

VERARBEITUNG
Läßt sich relativ einfach von Hand und maschinell bearbeiten, wobei die wechseldrehwüchsige Faser zu moderater Abstumpfung führt. Der Nagelhalt ist zufriedenstellend.

HOLZSCHUTZ
Das Splintholz ist anfällig für Befall durch den Splintholzkäfer; das Kernholz ist moderat alterungsbeständig, aber extrem resistent gegen Holzschutzbehandlung.

VERWENDUNG
Wird häufig als Ersatz für Mahagoni bei der Möbelfertigung und Kunsttischlerei für Innenteile, Fächer, Kantenleisten und Blenden verwendet, außerdem für Innen- und Außenbau, Lager- und Büroeinrichtungen. Eignet sich gut als Parkett in Wohnräumen und wird im Schiffsbau verwendet.

6
4
6
8
6
8
H

ENTANDOPHRAGMA CYLINDRICUM Familie: MELIACEAE

Sapelli-Mahagoni

VORKOMMEN
Wächst großflächig in den tropischen Regenwäldern West-, Zentral- und Ostafrikas von der Elfenbeinküste über Ghana und Nigeria bis Kamerun und ostwärts bis Uganda, Zaire und Tansania.

ERSCHEINUNGSBILD
Das dünne Splintholz ist gelblichweiß, und das Kernholz ist frisch geschnitten lachsfarben und reift bei der Trocknung zu rötlichbrauner Färbung. Es verfügt über stark wechseldrehwüchsige Fasern, was zu einer feinen Zeichnung auf radial geschnittenen Flächen führt. Wellige Faser führt zu einer gesprenkelten Zeichnung bei feiner, gleichmäßiger Textur.

EIGENSCHAFTEN
Darrdichte beträgt 490–720 kg/m^3 bei einem Durchschnitt von 620 kg/m^3. Trocknet relativ schnell mit Tendenz zum Werfen. Arbeitet moderat und verfügt über mittlere Biege- und Schlagfestigkeit, hohe Druckfestigkeit, geringe Tragfähigkeit und schlechte Dampfbiegeeigenschaften.

VERARBEITUNG
Gut von Hand und maschinell zu bearbeiten. Stumpft Werkzeuge nur wenig ab. Nagel- und Klebehalt sind zufriedenstellend.

HOLZSCHUTZ
Splintholz ist anfällig für Splintholzkäfer. Splint- und alterungsbeständiges Kernholz sind resistent gegen Holzschutzbehandlung.

VERWENDUNG
Ausstattungsholz für Innen- und Außenbau, Schiffsbau und Spezialholz für Musikinstrumente.

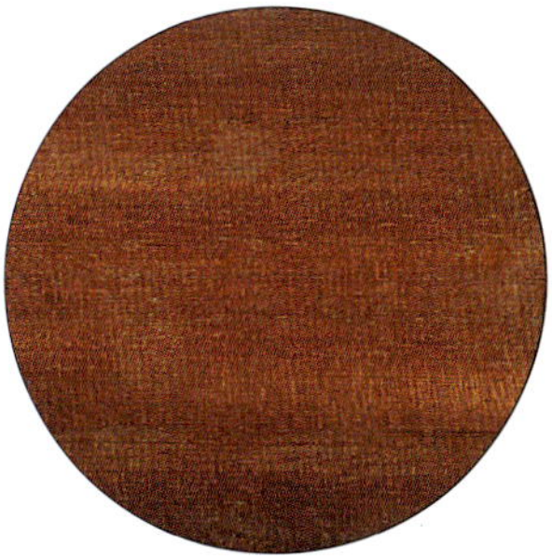

ENTANDOPHRAGMA UTILE Familie: *MELIACEAE*

Sipo-Mahagoni

VORKOMMEN
Wächst in den feuchten, laubabwerfenden Hochwäldern des tropischen West- und Ostafrika, in Sierra Leone, Kamerun, Liberia, Gabun, Uganda und Angola. Kommerziell genutztes Holz liefern Ghana und die Elfenbeinküste.

ERSCHEINUNGSBILD
Das hellbraune Splintholz hebt sich scharf vom einheitlich mahagonifarbenen Kernholz mit seiner wechseldrehwüchsigen, unregelmäßigen Faser ab.

EIGENSCHAFTEN
Darrdichte variiert von 450–700 kg/m^3 bei einem Durchschnitt von 590 kg/m^3. Trocknet mit leichter Tendenz zum Werfen und arbeitet moderat. Hohe Druck- und mittlere Biegefestigkeit, geringe Tragfähigkeit und Schlagfestigkeit bei sehr schlechten Dampfbiegeeigenschaften.

VERARBEITUNG
Läßt sich gut von Hand und maschinell bearbeiten und stumpft Werkzeuge nur moderat ab. Schrauben- und Nagelhalt sind zufriedenstellend, während der Klebehalt gut ist.

HOLZSCHUTZ
Das Kernholz ist alterungsbeständig, aber das Splintholz ist anfällig für Befall durch den Splintholzkäfer. Das Kernholz ist extrem resistent – sowohl gegen Zerfall wie auch gegen Holzschutzmittel.

VERWENDUNG
Wird als Ausstattungsholz für Möbel und Gehäuse sowie im Innen- und Außenbau, für Bodenbeläge und im Schiffsbau verwendet. Spezialholz für Musikinstrumente und Sportgeräte. Wird auch zu Span- und Furnierholz verarbeitet.

EUCALYPTUS DELEGATENSIS Familie: *MYRTACEAE*

Eukalyptus

VORKOMMEN
Wächst in Südostaustralien zwischen New South Wales und Tasmanien und ist vergesellschaftet mit anderen Eukalyptusarten.

ERSCHEINUNGSBILD
Das Kernholz variiert von beigefarben bis hellbraun mit roséfarbener Tönung, während das Splintholz unauffällig und blaß ist. Für gewöhnlich geradfaserig, manchmal aber auch wechseldrehwüchsig oder wellig mit grober Textur.

EIGENSCHAFTEN
Darrdichte liegt bei durchschnittlich 650–790 kg/m^3. Trocknet gut und relativ schnell, kann aber Oberflächenrisse entwickeln und sich werfen. Verfügt über mittlere Biegefestigkeit, Schlagbiegefestigkeit und Steifigkeit bei hoher Druckfestigkeit. Verfügt über weniger gute bis moderate Dampfbiegeeigenschaften.

VERARBEITUNG
Läßt sich gut von Hand und maschinell bearbeiten und hält Nägel und Schrauben gut. Der Klebehalt ist gut. Holz läßt sich gut beizen und polieren.

HOLZSCHUTZ
Das Splintholz ist anfällig für Befall durch den Splintholzkäfer; das Kernholz ist moderat alterungsbeständig und resistent gegen Holzschutzbehandlung, aber das Splintholz ist permeabel.

VERWENDUNG
Ausstattungs- und Konstruktionsholz für Innen- und Außenbau, Spezial- und Furnierholz.

7
8
10
8
8
9
H

EUCALYPTUS DIVERSICOLOR Familie: *MYRTACEAE*

Karri

VORKOMMEN
Ein wichtiger Baum im Südwesten Australiens, der bis zu 85 Meter hoch werden kann.

ERSCHEINUNGSBILD
Das Kernholz ist gleichförmig rötlichbraun mit wechseldrehwüchsiger Faser, was auf radial geschnittenen Flächen zu einer gestreiften Zeichnung führt. Die Textur ist mittelgrob, aber gleichmäßig.

EIGENSCHAFTEN
Die durchschnittliche Darrdichte liegt bei 870 kg/m^3. Muß sehr sorgfältig getrocknet werden, da das Holz in dicken Stücken zu tiefer Rißbildung und in dünnen Stücken zum Werfen neigt. Arbeitet stark und verfügt über hohe Werte in allen Kategorien und moderate Dampfbiegeeigenschaften (mit Ausnahme von unregelmäßig gewachsenem Holz).

VERARBEITUNG
Von Hand und maschinell schwierig zu bearbeiten, da die Fasern das Werkzeug stark abstumpfen. Vorbohren zum Nageln und Schrauben. Der Klebehalt ist gut, und es lassen sich dekorative Oberflächen erreichen.

HOLZSCHUTZ
Das Kernholz ist alterungsbeständig und sehr resistent gegen Holzschutzbehandlung, aber das Splintholz gilt als permeabel.

VERWENDUNG
Konstruktionsholz im Schiffs- und Wasserwegebau sowie im Innen- und Außenbau. Ausgewählte Stücke finden für Möbel und Parkett Verwendung. Wird zu Span- und auch Furnierholz verarbeitet.

7
6
10
7
6
9
H

EUCALYPTUS MARGINATA Familie: *MYRTACEAE*

Jarrah

VORKOMMEN
In Australien wird Jarrah in größerem Umfang kommerziell geschlagen als jedes andere Holz. Wächst in der Küstenregion westlich von Perth in Westaustralien und wird in großen Mengen exportiert.

ERSCHEINUNGSBILD
Das Kernholz ist von einem satten, dunklen Rotbraun mit gelegentlichen Harzgallen, die mitunter recht groß ausfallen und das markante Erscheinungsbild des Holzes unterstreichen. Die Faser ist für gewöhnlich recht gerade, manchmal wellig und wechseldrehwüchsig mit mittelgrober, aber gleichmäßiger Textur.

EIGENSCHAFTEN
Darrdichte variiert von 700–1020 kg/m^3 bei durchschnittlich 810 kg/m^3. Neigt zum Werfen, wenn es nicht vor der Kammertrocknung an der Luft vorgetrocknet wird. Moderate Schwindung bei mittlerer Biegefestigkeit und Tragfähigkeit, hoher Druckfestigkeit und moderaten Dampfbiegeeigenschaften.

VERARBEITUNG
Relativ schwer maschinell und nicht gut von Hand zu bearbeiten. Werkzeuge stumpfen moderat ab. Muß zum Nageln und Schrauben vorgebohrt werden, verfügt aber über guten Klebehalt und eine dekorative Oberfläche.

HOLZSCHUTZ
Das Kernholz ist alterungsbeständig und resistent gegen Insektenbefall und Holzbehandlung, aber das Splintholz gilt als permeabel.

VERWENDUNG
Konstruktionsholz im maritimen Bereich und im Innen- und Außenbau. Span- und Furnierholz.

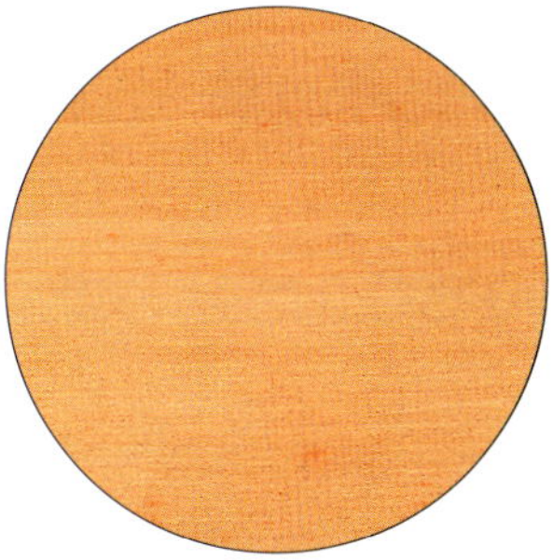

FAGARA FLAVA Familie: RUTACEAE

Westindisches Satinholz

VORKOMMEN
Wächst auf Bermuda, den Bahamas und in Florida, entfaltet seine höchste Entwicklung aber auf Jamaika.

ERSCHEINUNGSBILD
Das Kernholz ist satt cremefarben bis goldgelb mit gerader bis wechseldrehwüchsiger, welliger oder unregelmäßiger Faser. Die Textur ist fein und gleichmäßig mit einem leuchtenden, seidigen Glanz.

EIGENSCHAFTEN
Sehr schwer bei einer Darrdichte von etwa 900 kg/m^3. Erfordert sorgfältige Trocknung, um ein Werfen zu verhindern. Verfügt über niedrige Schlagfestigkeit, mittlere Tragfähigkeit und niedrige Biegefestigkeit.

VERARBEITUNG
Läßt sich gut von Hand und maschinell bearbeiten, ist aber außerordentlich schwer zu schneiden. Bei unregelmäßigem Faserwuchs empfiehlt sich ein sehr scharfes Werkzeug und ein reduzierter Anstellwinkel. Muß zum Nageln oder Schrauben vorgebohrt werden, bietet aber guten Klebehalt und nimmt Polituren gut an. Der feine Holzstaub kann Hautreizungen verursachen.

HOLZSCHUTZ
Das Holz ist nicht alterungsbeständig und extrem resistent gegen Holzschutzbehandlung.

VERWENDUNG
In Europa nur in kleineren Mengen erhältlich. Wird für Möbel, hochwertige Kunsttischlerei, Reproduktion und Restauration, Drechselei und Furniere verwendet.

FAGUS SPP. Familie: FAGACEAE

Buche

VORKOMMEN
Wächst in ganz Süd-, Mittel- und Nordeuropa sowie in den nördlichen gemäßigten Regionen Amerikas und Kanadas, ferner in Westasien, Japan und Nordafrika.

ERSCHEINUNGSBILD
Cremefarbener bis rosébrauner Farbton, der beim Dampfbiegen in ein tiefrötliches Bronzebraun übergeht. Für gewöhnlich geradfaserig mit breiten Strahlen und einer feinen, gleichmäßigen Textur.

EIGENSCHAFTEN
Die japanische Buche hat mit 630 kg/m^3 die niedrigste Darrdichte, während die europäische Buche 680 kg/m^3 und die amerikanische Buche 730 kg/m^3 erreichen. Holz trocknet schnell bei starker Schwindung und arbeitet. Mittlere Biegefestigkeit, Tragfähigkeit und Schlagfestigkeit, hohe Druckfestigkeit. Sehr gute Dampfbiegeeigenschaften.

VERARBEITUNG
Läßt sich gut von Hand und maschinell bearbeiten und zeigt guten Klebehalt. Nimmt Oberflächenbehandlung sehr gut an.

HOLZSCHUTZ
Anfällig für Befall durch den gewöhnlichen Nagekäfer und den Bunten Nagekäfer. Das Splintholz wird durch Langhornböcke angegriffen. Die Buche gilt als permeabel für Holzschutzbehandlung.

VERWENDUNG
Eines der beliebtesten Hölzer im Möbel-, Innen- und Außenbau. Spezialholz für Haushaltsgegenstände, Sportgeräte, Teile von Musikinstrumenten. Wird ferner für Spanholz und dezente, aber dekorative Furniere verwendet.

4 5 6 7 5 6 H

FLINDERSIA SPP. Familie: RUTACEAE

Handelsname ist nicht bekannt

VORKOMMEN
Die australische „Queensland Maple“ wächst im nördlichen Queensland sowie in Papua Neuguinea, ist aber kein echter Ahorn. Eng verwandte Spezies sind *F. brayleyana*, *F. pimenteliana* und *F. laevicarpa*.

ERSCHEINUNGSBILD
Das Kernholz ist hellbraun bis rosa mit seidigem Glanz und reift zu einem blassen Braun heran. Die Faser ist oftmals wechseldrehwüchsig und manchmal wellig oder wirbelwüchsig.

EIGENSCHAFTEN
Darrdichte variiert von 540–690 kg/m^3. Sowohl für die Freiluft- als auch für die technische Trocknung in der Kammer geeignet. Schwindet und neigt zum Werfen, läßt sich aber in der Trockenkammer konditionieren. Arbeitet moderat und verfügt über mittlere Biege- und Druckfestigkeit, geringe Tragfähigkeit und Schlagfestigkeit. Keine guten Dampfbiegeeigenschaften.

VERARBEITUNG
Läßt sich sowohl von Hand als auch maschinell gut bearbeiten und stumpft das Werkzeug nur moderat ab. Wechseldrehwüchsige Fasern neigen bei radialgeschnittenem Holz zum Aufrichten, so daß sich ein reduzierter Anstellwinkel empfiehlt. Schrauben- und Klebehalt sind zufriedenstellend.

HOLZSCHUTZ
Das Kernholz ist mäßig alterungsbeständig, resistent gegen Holzschutzbehandlung und nicht anfällig für Insektenbefall.

VERWENDUNG
Ausstattungsholz für Möbel, Innen- und Außenbau sowie Spezialholz. Wird zu Span- und Furnierholz verarbeitet.

7 4 7 6 6 7 H

FLINDERSIA SCHOTTIANA Familie: RUTACEAE

Handelsname ist nicht bekannt

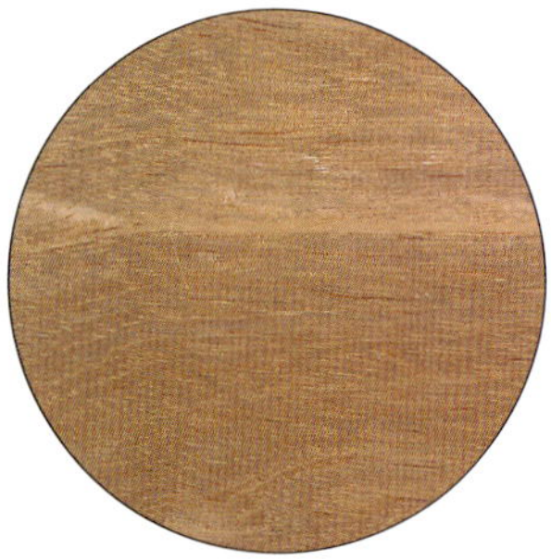

VORKOMMEN
In Australien wächst die „Southern Silver Ash“, deren Schnittholz dort unter Bezeichnungen wie Esche und Ahorn verkauft wird, mit diesen Hölzern aber botanisch nicht verwandt ist.

ERSCHEINUNGSBILD
Das blasse, sandfarbene Kernholz ist meist geradfaserig, manchmal aber auch flach wechseldrehwüchsig oder wellig mit mittelfeiner Textur.

EIGENSCHAFTEN
Die Darrdichte variiert, liegt aber im Durchschnitt bei 560 kg/m^3. Trocknet langsam und neigt zum leichten Werfen, kann aber in bis zu 5 cm dicken Abschnitten bei nur geringer Schwindung kammergetrocknet werden. Arbeitet kaum mit mittlerer Biege- und Druckfestigkeit, geringer Tragfähigkeit und Schlagfestigkeit sowie guten Dampfbiegeeigenschaften.

VERARBEITUNG
Läßt sich sowohl von Hand als auch maschinell gut bearbeiten und stumpft das Werkzeug nur schwach ab. Neigt auf radial geschnittenen Oberflächen beim Hobeln und Fräsen zum Aufrichten. Bietet guten Nagel- und Schraubenhalt.

HOLZSCHUTZ
Das Kernholz ist sehr alterungsbeständig und resistent gegen Holzschutzbehandlung, aber das Splintholz gilt als permeabel.

VERWENDUNG
Ausstattungsholz für Gehäuse und Möbel. Wird wegen seiner Geruchlosigkeit und Farbechtheit für Lebensmittelbehälter verwendet.

FRAXINUS SPP. Familie: OLEACEAE

Esche

7 4 8 5 6 7 H

VORKOMMEN
Gedeiht in ganz Europa, Mittelrußland, Vorderasien und Nordamerika. *F. americana* ist in Amerika als Weißesche bekannt, *F. pennsylvania* als Grün- oder Rotesche.

ERSCHEINUNGSBILD
Die europäische Esche ist rahmweiß bis hellbraun, manchmal mit dunkelbraunem oder schwarzem Kern. Sie ist geradfaserig und grob texturiert mit dekorativer Zeichnung. Die Weißesche ist graubraun mit rötlicher Tönung.

EIGENSCHAFTEN
Darrdichte variiert von 410–820 kg/m^3. Trocknet relativ schnell bei geringer Schwindung und verfügt über mittlere Biege-, Druck- und Schlagfestigkeit, geringe Tragfähigkeit und ausgezeichnete Dampfbiegeeigenschaften.

VERARBEITUNG
Läßt sich sowohl von Hand als auch maschinell gut bearbeiten. Muß zum Nageln aber vorgebohrt werden. Bietet guten Klebehalt und nimmt Beizen und Polituren gut an.

HOLZSCHUTZ
Das Kernholz ist nur moderat, schwarzes Kernholz sehr resistent gegen Holzschutzbehandlung.

VERWENDUNG
Wird für Stühle und Kunsttischlerei, für Möbel und im Innenbau verwendet. Spezialholz für Werkzeuggriffe. Konstruktionsholz für Lagereinrichtungen, Fahrzeuge, Stellmacherei und landwirtschaftliche Geräte. Wird auch im Schiffsbau und Sportgerätebereich verwendet. Verarbeitung zu Furnierholz.

GONYSTYLUS MACROPHYLLUM Familie: GONYSTYLACEAE

Ramin

4 6 8 6 8 8 H

VORKOMMEN
Wächst in ganz Südostasien, besonders in Malaysia und in den Frischwassersümpfen an der Westküste Sarawaks. *G. macrophyllum* und *G. bancanus* kennt man im Westen Malaysias als Melawis.

ERSCHEINUNGSBILD
Das weißliche Splintholz ist bis zu 5 cm dick, hebt sich aber nicht deutlich vom Kernholz ab, das eine gleichförmige rahmweiße bis hellstrohfarbene Färbung und einen unauffälligen, geraden bis flach wechseldrehwüchsigen Faserverlauf hat. Weist eine mittelfeine und gleichmäßige Textur auf.

EIGENSCHAFTEN
Darrdichte liegt bei 550–570 kg/m^3. Das ähnliche Melawis wiegt etwa 600 kg/m^3. Luftgetrocknetes Holz läßt sich ohne Schwindung in der Kammer endtrocknen, kann aber Flecken entwickeln und muß konditioniert werden. Arbeitet erheblich, verfügt aber über hohe Biege- und Druckfestigkeit, geringe Schlagfestigkeit und mittlere Tragfähigkeit bei sehr schlechten Dampfbiegeeigenschaften.

VERARBEITUNG
Läßt sich relativ gut von Hand und maschinell bearbeiten und stumpft das Werkzeug nur moderat ab. Neigt bei radial geschnittenem Material zum Ausreißen. Muß zum Nageln vorgebohrt werden.

HOLZSCHUTZ
Das Kernholz ist leicht verderblich, das Splintholz ist anfällig für den Splintholzkäfer, aber permeabel für Holzschutzbehandlung.

VERWENDUNG
Wird verwendet für Möbel, Innenbau, Bilderrahmen und andere Leisten. Beliebt für Schnitzerei und Drechslerwaren. Wird zu Span- und Furnierholz verarbeitet.

4 · 2 · 6 · 5 · 4 · 6 · H

GOSSWEILERODENDRON BALSAMIFERUM Familie: CAESALPINIACEAE

Agba/Tola

VORKOMMEN
Einer der höchsten Bäume des tropischen Westafrika; wächst hauptsächlich im Westen Nigerias, sowie in Angola und Zaire.

ERSCHEINUNGSBILD
Das Kernholz zeigt eine gleichförmige strohfarbene bis braune Färbung mit geradem bis flach wechseldrehwüchsigem Faserverlauf und einer feinen Textur.

EIGENSCHAFTEN
Darrdichte liegt bei 450 kg/m³. Die Trocknung verläuft relativ schnell bei geringer Schwindung, allerdings kann dunkles Harz austreten.

VERARBEITUNG
Holz arbeitet wenig und verfügt über mittelgute Dampfbiegeeigenschaften bei sehr geringer Tragfähigkeit und niedriger Biege- und Schlagfestigkeit und mittlerer Druckfestigkeit. Der Nagelhalt ist zufriedenstellend.

HOLZSCHUTZ
Agba ist sehr verfallsbeständig, aber das Splintholz ist anfällig für Befall durch den Splintholzkäfer. Das Kernholz ist sehr widerstandsfähig gegen die Behandlung mit Holzschutzmitteln, während das Splintholz permeabel ist.

VERWENDUNG
Besonders für den Innen- und Außenbau geeignet, insbesondere für Möbelstücke und Profilleisten. Beliebt zum Drechseln. Wegen des Harzaromas nicht für die Lebensmittelaufbewahrung zu empfehlen. Wird zu Span- und Furnierholz verarbeitet.

6 · 6 · 10 · 8 · 6 · 8 · H

GOSSYPIOSPERMUM PRAECOX Familie: FLACOURTIACEAE

Zapatero

VORKOMMEN
Wächst auf Kuba und in der Dominikanischen Republik, wobei kommerziell genutztes Rund- und Schnittholz aus Kolumbien und Venezuela stammt.

ERSCHEINUNGSBILD
Rahmweiß bis zitronengelb bei geringem Unterschied zwischen Splint- und Kernholz. Leuchtender Glanz, gerade Faser und eine feine und gleichmäßige Textur.

EIGENSCHAFTEN
Darrdichte variiert von 800–900 kg/m³. Trocknet sehr langsam mit Tendenz zum Aufspalten und Bildung von Oberflächenrissen. Holz arbeitet kaum. Wird weniger wegen seiner hohen Stabilität verwendet, verfügt aber über gute Dampfbiegeeigenschaften, solange Verfärbungen keine Rolle spielen.

VERARBEITUNG
Läßt sich zufriedenstellend von Hand und maschinell bearbeiten, ist aber schwer zu schneiden. Der Klebehalt ist gut. Zeigt nach der Endbehandlung eine dekorative glatte Oberfläche.

HOLZSCHUTZ
Das Splintholz ist anfällig für den gewöhnlichen Nagekäfer, aber das Kernholz ist alterungsbeständig. Das Splintholz ist permeabel für Holzschutzbehandlung.

VERWENDUNG
Herausragend wegen seiner sehr feinen Textur und den exzellenten Drechseleigenschaften: Wird daher bevorzugt als Spezialholz für Handgriffe, Textilrollen, Weberschiffchen, Spindeln, Präzisionslineale, Zeichen- und Meßinstrumente sowie Gravurblöcke verwendet. Wird ferner zu Furnierholz verarbeitet.

GUAIACUM SPP. Familie: ZYGOPHYLLACEAE

Pockholz

10
10
10
10
10
10
H

VORKOMMEN
Wird aus drei Spezies gewonnen, die von Südflorida über die Bahamas bis nach Jamaika, Kuba und die Westindischen Inseln und von Mexiko über Zentralamerika bis nach Venezuela und Kolumbien wachsen.

ERSCHEINUNGSBILD
Dunkelgrünlichbraun oder nahezu schwarz mit eng wechseldrehwüchsigem Faserverlauf und einer feinen, gleichmäßigen Textur.

EIGENSCHAFTEN
Darrdichte liegt durchschnittlich bei 1200 kg/m^3. Holz trocknet langsam und schwer und neigt zum Reißen. Arbeitet moderat, verfügt in allen Kategorien aber über herausragende Werte und eine sehr hohe Druckfestigkeit.

VERARBEITUNG
Ungeeignet zum Biegen, sehr schwer maschinell zu bearbeiten und zu schneiden. Schwierig zu kleben, nimmt aber Politur gut an.

HOLZSCHUTZ
Extrem alterungsbeständig und resistent gegen Holzschutzbehandlung.

VERWENDUNG
Wegen seiner selbstschmierenden Eigenschaften für maritime Zwecke, ferner für Wagenräder, Führungen und Laufrollen sowie als Spezialholz für die Textilindustrie geeignet. Unterliegt nach dem Washingtoner Artenschutzabkommen der Handelsüberwachung. Ein- und Ausfuhr müssen genehmigt werden.

GUAREA CEDRATA Familie: MELIACEAE

Bossé

3
3
6
5
6
7
H

VORKOMMEN
Wächst im tropischen Westafrika, hauptsächlich an der Elfenbeinküste und in Nigeria.

ERSCHEINUNGSBILD
G. cedrata ist weißes Bossé, während *G. thompsonii* dunkles Bossé liefert. Das dicke Splintholz von *G. cedrata* ist etwas blasser als das blaßrosébraune Kernholz mit seiner geraden bis wechseldrehwüchsigen Faser. *G. thompsonii* weist geraderen Faserwuchs auf. Beide Hölzer sind fein texturiert.

EIGENSCHAFTEN
G. cedrata hat eine Darrdichte von 580 kg/m^3, *G. thompsonii* von 620 kg/m^3. Beide Hölzer trocknen relativ schnell mit geringer Tendenz zum Werfen, wobei *G. thompsonii* wegen der Neigung zum Reißen sorgfältig getrocknet werden muß. Beide Arten arbeiten wenig und verfügen über mittlere Biegefestigkeit, geringe Tragfähigkeit und Schlagfestigkeit. *G. cedrata* weist mittlere Druckfestigkeit und gute Dampfbiegeeigenschaften auf, während *G. thompsonii* hohe Druckfestigkeit und moderate Dampfbiegeeigenschaften besitzt.

VERARBEITUNG
Lassen sich relativ gut von Hand und maschinell bearbeiten. Der Klebehalt beider Hölzer ist gut.

HOLZSCHUTZ
Sehr alterungsbeständig und extrem resistent gegen Holzschutzbehandlung, aber das Splintholz ist permeabel.

VERWENDUNG
Ausstattungsholz für Möbel, Profilleisten und Verschalungen. Für Innenbau und Schiffsbau sowie für Span- und Furnierholz geeignet.

7 6 8 7 6 8 H

GUIBOURTIA EHIE Familie: CAESALPINIACEAE

Ovengkol

VORKOMMEN
Wächst im tropischen Westafrika, hauptsächlich an der Elfenbeinküste und in Ghana. Weitere Lieferungen stammen aus dem Süden Nigerias und aus Gabun.

ERSCHEINUNGSBILD
Das Kernholz ist gelbbraun bis tiefschokoladenbraun mit grauschwarzen Streifen. Die Faser ist wechseldrehwüchsig und die Textur ist mittelgrob.

EIGENSCHAFTEN
Darrdichte liegt bei 800 kg/m^3. Trocknet schnell und relativ gut. Bei der Kammertrocknung muß mit Sorgfalt vorgegangen werden, da dickere Abschnitte leicht Schaden nehmen. Arbeitet moderat und verfügt über mittlere Biege-, Druck- und Schlagfestigkeit, geringe Tragfähigkeit und schlechte Dampfbiegeeigenschaften.

VERARBEITUNG
Das widerstandsfähige Holz stumpft die Werkzeuge ab, die sehr scharf gehalten werden sollten. Sägt sich langsam, aber gut. Guter Schrauben-, Nagel- und Klebehalt.

HOLZSCHUTZ
Das Kernholz ist moderat alterungsbeständig und resistent gegen Holzschutzbehandlung, aber das Splintholz ist permeabel.

VERWENDUNG
Wird im Innenbau und als Ausstattungsholz für hochwertige Möbel, Kunsttischlerei und Dekorationen verwendet. Hervorragend zum Drechseln und für Bodenbeläge in Wohnräumen geeignet. Wird zu Span- und Furnierholz verarbeitet.

6 6 8 8 6 8 H

HERITIERA SPP. Familie: STERCULIACEAE

Mengkulang

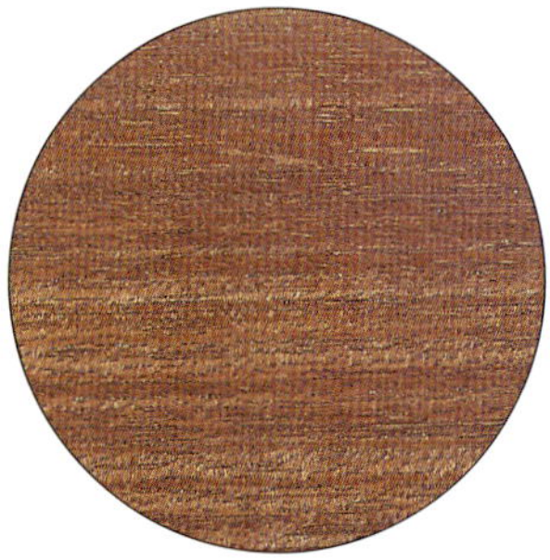

VORKOMMEN
In den Tropen – einschließlich Westafrikas, Thailands und den Philippinen – gedeiht eine Vielzahl von Spezies der *Heritiera*. Mengkulang ist der malaysische Name für die ostasiatischen Arten.

ERSCHEINUNGSBILD
Das Splintholz ist orangefarben und geht in das Kernholz über, dessen Farbe von Rosébraun bis Dunkelrotbraun variiert. Die Faser ist wechseldrehwüchsig und manchmal unregelmäßig, die Textur mittelgrob und gleichmäßig.

EIGENSCHAFTEN
Darrdichte variiert, liegt aber im Durchschnitt bei 560 kg/m^3, wobei das aus Sabah stammende Holz leichter ist. Trocknet schnell, neigt aber bei einigen Spezies zur Bildung von Oberflächenrissen und zum Werfen. Arbeitet wenig und verfügt über mittlere Biegefestigkeit, Tragfähigkeit und Schlagfestigkeit, hohe Druckfestigkeit und schlechte Dampfbiegeeigenschaften.

VERARBEITUNG
Läßt sich relativ gut bearbeiten, stumpft das Werkzeug – insbesondere Sägezähne – aber stark ab. Muß zum Nageln vorgebohrt werden und bietet guten Klebehalt.

HOLZSCHUTZ
Wenig alterungsbeständig. Das Splintholz ist anfällig für Befall durch den Splintholzkäfer. Das Kernholz ist resistent gegen Holzschutzbehandlung, das Splintholz ist moderat permeabel.

VERWENDUNG
Wird als Ausstattungsholz für Gehäuse und Möbel, im Innenbau für Bodenbeläge, als Konstruktionsholz und für den Schiffsbau verwendet. Wird auch zu Span- und Furnierholz verarbeitet.

HYMENAEA COURBARIL Familie: CAESALPINICAEAE

Courbaril

8
10
10
8
8
10
H

VORKOMMEN

Dieser größtenteils immergrüne Baum wächst vom Süden Mexikos über Zentralamerika und die Westindischen Inseln bis nach Brasilien, Bolivien und Peru.

ERSCHEINUNGSBILD

Das Kernholz reift von Orangerot bis zu Rötlichbraun mit rost- und dunkelbraunen Streifen. Zeigt häufig einen goldenen Glanz. Die Faser ist für gewöhnlich wechseldrehwüchsig mit mittelgrober bis grober Textur.

EIGENSCHAFTEN

Darrdichte liegt bei 900 kg/m^3. Wegen der Bildung von Oberflächenrissen und Verwerfungen recht schwierig zu trocknen. Arbeitet wenig und ist sehr stark in allen Kategorien. Wenig moderate Dampfbiegeeigenschaften.

VERARBEITUNG

Aufwendig zu bearbeiten. Werkzeuge stumpfen stark ab. Muß zum Nageln vorgebohrt werden. Hat guten Schrauben- und Klebehalt.

HOLZSCHUTZ

Moderat alterungsbeständig. Lebensdauer sinkt aber bei hohem Anteil von Splintholz. Sehr resistent gegen Termiten und extrem widerstandsfähig gegen Holzschutzbehandlung.

VERWENDUNG

Wird als Konstruktionsholz sowie im Innen- und Außenbau und als Spezialholz für Webstühle und Werkzeuggriffe verwendet. Zum Tischlern und Drechseln geeignet, ferner für den Schiffsbau. Wird zu Furnierholz und Paneelen verarbeitet. In Europa nur unregelmäßig und in geringen Mengen erhältlich.

ILEX SPP. Familie: AQUIFOLIACEAE

Stechpalme

8
7
8
9
8
7
H

VORKOMMEN

Es existieren etwa 175 Spezies, die von West-, Süd- und Nordeuropa bis nach Asien hinein wachsen.

ERSCHEINUNGSBILD

Das Kernholz ist weiß bis grauweiß mit einem gelegentlich graugrünen Schimmer und so gut wie keiner Zeichnung. Das Splintholz hebt sich nicht vom Kernholz ab. Die Faser ist eher unregelmäßig mit einer sehr feinen, gleichmäßigen Textur.

EIGENSCHAFTEN

Darrdichte liegt im Durchschnitt bei etwa 780 kg/m^3. Schwierig zu trocknen, arbeitet im konvertierten Zustand aber nicht. Sehr widerstandsfähig in allen Kategorien, aber nicht zum Dampfbiegen geeignet.

VERARBEITUNG

Hoher Schneide- und Sägewiderstand. Werkzeuge werden moderat abgestumpft. Läßt sich gut drechseln, muß zum Nageln und Schrauben vorgebohrt werden und bietet guten Klebehalt.

HOLZSCHUTZ

Ganze Stämme im Wald sind anfällig für Befall durch Langhornböcke und Buprestiden. Das Kernholz ist leicht verderblich und das Splintholz ist anfällig für Befall durch den gewöhnlichen Nagekäfer, läßt sich aber gut mit Holzschutzmitteln behandeln.

VERWENDUNG

Wird hauptsächlich als Ersatz für Buchsbaum verwendet und für die Verwendung als Intarsien und für Restaurationen eingefärbt. Spezialholz für Musikinstrumente und Furnierholz. In Europa nur in kleinen Mengen und unregelmäßig erhältlich.

5 · 5 · 8 · 8 · 5 · 9 · H

INTSIA SPP. Familie: CAESALPINIACEAE

Merbau

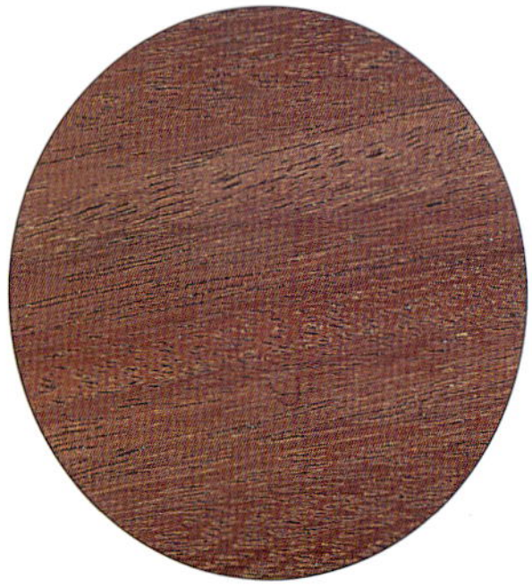

VORKOMMEN
Die verschiedenen Spezies wachsen auf den Philippinen, in Papua Neuguinea, New Britain, Malaysia, Indonesien und Sabah.

ERSCHEINUNGSBILD
Das weiße bis blaßgelbe Splintholz hebt sich stark vom Kernholz ab, dessen Färbung mittel- bis dunkelrotbraun ausfällt. Die Faser ist wechseldrehwüchsig und manchmal wellig mit recht grober, aber gleichmäßiger Textur.

EIGENSCHAFTEN
Darrdichte liegt im Durchschnitt bei 800 kg/m³. Trocknet schnell mit geringer Schwindung und arbeitet wenig. Verfügt über mittlere Biege- und Druckfestigkeit, Tragfähigkeit und Schlagfestigkeit sowie moderate Dampfbiegeeigenschaften.

VERARBEITUNG
Stumpft Werkzeuge bei Harzablagerungen auf Sägeblättern mittelstark ab. Zum Nageln ist Vorbohren erforderlich. Gut zu kleben, während die Oberflächenbehandlung durch holzeigene Farbstoffe etwas erschwert wird.

HOLZSCHUTZ
Das Kernholz ist alterungsbeständig und resistent gegen Holzschutzbehandlung.

VERWENDUNG
Wird im Herkunftsland als Konstruktionsholz verwendet, im Innen- und Außenbau für Möbel und Parkett sowie für landwirtschaftliche Geräte. Ausgewählte Stämme werden zu Furnierholz verarbeitet.

6 · 4 · 6 · 7 · 6 · 8 · H

JUGLANS NIGRA Familie: JUGLANDACEAE

Amerikanischer Nußbaum

VORKOMMEN
Echter Walnußbaum, der weitflächig in ganz Nordamerika vom Süden Ontarios bis nach Texas und im Osten von Maine bis nach Florida wächst. Auch Schwarznuß oder schwarze Walnuß genannt.

ERSCHEINUNGSBILD
Das Kernholz reift zu einer satten dunkelbraunen bis schwarzvioletten Färbung. Für gewöhnlich geradfaserig, manchmal auch wellig oder wirbelwüchsig. Die Textur ist recht grob, aber gleichmäßig.

EIGENSCHAFTEN
Darrdichte liegt bei 580 kg/m³. Muß sorgfältig getrocknet werden, um Reißen und Schwindung zu vermeiden. Arbeitet wenig und verfügt über mittlere Biege- und Druckfestigkeit bei geringer Tragfähigkeit und Schlagfestigkeit und guten Dampfbiegeeigenschaften.

VERARBEITUNG
Läßt sich sowohl von Hand als auch maschinell gut bearbeiten und stumpft das Werkzeug nur wenig ab. Bietet guten Nagel- und Schrauben- sowie zufriedenstellenden Klebehalt. Nimmt Beizen und Polituren sehr gut an.

HOLZSCHUTZ
Das Splintholz ist anfällig für den Splintholzkäfer. Das Kernholz ist sehr alterungsbeständig und sehr resistent gegen Holzschutzbehandlung, während das Splintholz permeabel ist.

VERWENDUNG
Ausstattungsholz für hochwertige Kunsttischlerei und Möbel. Wird verwendet im Innenbau und als Spezialholz für Musikinstrumente und Gewehrschäfte. Beliebt in der Bildhauerei. Wird zu Furnierholz verarbeitet.

JUGLANS REGIA Familie: JUGLANDACEAE

Nußbaum

6 4 6 6 6 8 H

VORKOMMEN
Wächst in ganz Europa und wurde kultiviert in Kleinasien, Nordafrika, und China. Lieferung überwiegend aus Frankreich, Italien, der Türkei und aus Südwestasien.

ERSCHEINUNGSBILD
Grauweißes bis rötlichweißes Splintholz. Das Kernholz ist meist graubraun mit unregelmäßigen dunkelbraunen Streifen und bildet oftmals einen zentralen Kern, der sich stark vom übrigen, unauffälligen Kernholz abhebt. Die Faser ist gerade bis wellig mit einer recht groben Textur.

EIGENSCHAFTEN
Darrdichte liegt durchschnittlich bei 640 kg/m^3. Trocknet schnell mit der Tendenz zur Rißbildung bei dickeren Abschnitten. Arbeitet wenig und verfügt über mittlere Biege- und Schlagfestigkeit, hohe Druckfestigkeit, geringe Tragfähigkeit und gute Dampfbiegeeigenschaften.

VERARBEITUNG
Läßt sich sowohl von Hand als auch maschinell gut bearbeiten und bietet guten Klebehalt. Sehr gute Oberflächenbehandlung.

HOLZSCHUTZ
Das Kernholz ist moderat alterungsbeständig und resistent gegen Holzschutzbehandlung; das Splintholz ist anfällig für den Splintholzkäfer, aber permeabel.

VERWENDUNG
Ausstattungsholz für Gehäuse und Möbel. Wird im Innenbau sowie als Spezialholz für Gewehrschäfte und Sportgeräte verwendet. Wird zu Furnierholz verarbeitet.

CALOCEDRUS DECURRENS. Familie: CUPRESSACEAE

Kalifornische Flußzeder/Bleistiftzeder

3 3 5 4 5 6 W

VORKOMMEN
Wächst in Nordamerika, besonders im südlichen Kalifornien. Die verwandte afrikanische Bleistiftzeder wächst in Kenia und Tansania.

ERSCHEINUNGSBILD
Das Kernholz der Kalifornischen Flußzeder ist rötlichbraun und mitunter violett getönt, während das Splintholz einen weißlichen bis braungelben Farbton hat. Holz ist geradfaserig mit feiner, gleichmäßiger Textur.

EIGENSCHAFTEN
Die Darrdichte der Kalifornischen Flußzeder liegt bei 340 kg/m^3, bei der afrikanischen Bleistiftzeder bei 500 kg/m^3. Das Holz der Kalifornischen Flußzeder muß langsam trocknen, um ein Reißen und Aufspalten zu vermeiden. Arbeitet wenig und verfügt über mittlere Biege- und Druckfestigkeit, sehr geringe Tragfähigkeit und Schlagfestigkeit, sowie schlechte Dampfbiegeeigenschaften.

VERARBEITUNG
Geradfaseriges Holz läßt sich leicht von Hand und maschinell bearbeiten, während unregelmäßiges Material vorsichtig gehandhabt werden muß. Das Holz muß zum Nageln vorgebohrt werden, bietet aber guten Klebehalt.

HOLZSCHUTZ
Das Kernholz ist alterungsbeständig und extrem resistent gegen Holzschutzbehandlung. Das Splintholz ist moderat resistent.

VERWENDUNG
Spezialholz für Bleistifte. Wird vor Ort als Ausstattungsholz für Möbel, insbesondere Wäscheschränke verwendet. Beliebt zum Tischlern.

2 | 2 | 6 | 7 | 4 | 6 | H

KHAYA SPP. Familie: MELIACEAE

Afrikanisches Mahagoni

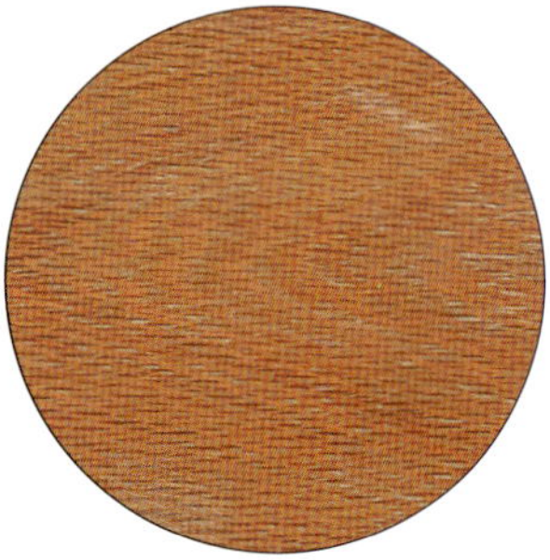

VORKOMMEN
Die Bezeichnung Afrikanisches Mahagoni umfaßt alle Angehörigen der Spezies *Khaya*. Der überwiegende Teil kommerziellen Schnittholzes stammt aus den küstennahen Regenwäldern Westafrikas von der Elfenbeinküste bis nach Kamerun und Gabun, sowie aus Uganda und Tansania.

ERSCHEINUNGSBILD
Das Kernholz hat eine typische rötlichbraune Färbung. Die Faser ist in der Regel wechseldrehwüchsig, was auf radial geschnittenen Flächen zu einer gestreiften Zeichnung führt.

EIGENSCHAFTEN
Die Darrdichte variiert, abhängig von der Spezies, zwischen 450–600 kg/m^3. Trocknet relativ schnell bei geringer Schwindung und arbeitet wenig. Verfügt über mittlere Dichte und Druckfestigkeit, geringe Biegefestigkeit, sehr geringe Tragfähigkeit und Schlagfestigkeit sowie sehr schlechte Dampfbiegeeigenschaften.

VERARBEITUNG
Läßt sich leicht von Hand und maschinell bearbeiten. Zufriedenstellender Nagelhalt und guter Klebehalt. Nimmt Beizen und Polituren hervorragend an.

HOLZSCHUTZ
Das Kernholz ist moderat alterungsbeständig. Das für den Splintholzkäfer anfällige Splintholz ist resistent gegen Holzschutzbehandlung.

VERWENDUNG
Wird für Möbel sowie im Innenbau als Parkett verwendet. Beliebt in der Kunsttischlerei. Wird zu Span- und Furnierholz verarbeitet.

---

7 | 8 | 8 | 7 | 6 | 8 | H

KNIGHTIA EXCELSA Familie: PROTEACEAE

Rewa-rewa

VORKOMMEN
Dieser krummwüchsige Baum ist auch als neuseeländisches Geißblatt bekannt.

ERSCHEINUNGSBILD
Das Kernholz ist tiefrot mit einer klaren dunkelbraunen Strahlenzeichnung und hat im Radialschnitt ein auffälliges Sprenkelmuster. Die Faser ist unregelmäßig, und die Textur ist fein und glänzend.

EIGENSCHAFTEN
Darrdichte liegt bei 730 kg/m^3. Reaktionsholz, das sich während des Wuchses als Reaktion auf eine Krummschäftigkeit bildet, ist stark vertreten, wodurch das Schnittholz schwer zu trocknen ist. Zur Vermeidung von Verwerfungen ist eine sorgfältige Handhabung notwendig. Arbeitet stark und verfügt über mittlere Biegefestigkeit, aber hohe Tragfähigkeit sowie Schlag- und Druckfestigkeit. Nicht zum Dampfbiegen geeignet.

VERARBEITUNG
Läßt sich leicht von Hand und maschinell bearbeiten und stumpft das Werkzeug nur wenig ab. Muß zum Nageln vorgebohrt werden, bietet aber guten Schrauben- und Klebehalt. Keine Polituren und Lacke für die Endbearbeitung verwenden.

HOLZSCHUTZ
Das Kernholz ist nicht alterungsbeständig und resistent gegen Holzschutzbehandlung. Das Splintholz ist permeabel.

VERWENDUNG
Im Innenbau für Bodenbeläge und Treppenstufen geeignet sowie als Ausstattungsholz für Möbel und Gehäuse. Sehr beliebt für dekorative Drechslerwaren. Ausgewählte Stämme werden zu Span- und Furnierholz verarbeitet.

LARIX SPP. Familie: PINACEAE

Lärche

VORKOMMEN
In Mitteleuropa von den Alpen bis hin zu den Karpaten beheimatet. Verwandte Arten sind in Nordamerika, Japan und Sibirien zu finden.

ERSCHEINUNGSBILD
Das Kernholz ist braun bis ziegelrot mit deutlich erkennbaren Jahresringen. Gerader Faserwuchs bei feiner und gleichmäßiger Textur.

EIGENSCHAFTEN
Darrdichte variiert von 400–800 kg/m^3. Trocknet recht schnell mit wenigen Verwerfungen. Arbeitet kaum und verfügt über mittlere Biegefestigkeit, geringe Tragfähigkeit, mittlere Druck- und Schlagfestigkeit sowie moderate Dampfbiegeeigenschaften.

VERARBEITUNG
Läßt sich leicht von Hand und maschinell bearbeiten. Zum Nageln vorbohren. Nimmt Beizen, Farben und Polituren zufriedenstellend an.

HOLZSCHUTZ
Moderat alterungsbeständig und anfällig für Befall durch Langhornböcke, gelegentlich Holzwespen, sowie den gewöhnlichen Nagekäfer. Das Kernholz ist resistent gegen Holzschutzbehandlung, das Splintholz nur moderat resistent.

VERWENDUNG
Wird als Konstruktionsholz für Grubenstempel, Pfähle und Leitungsmasten verwendet. Das Kernholz ist dort gefragt, wo Alterungsbeständigkeit von Bedeutung ist: bei Bootsbeplankungen, Brückenkonstruktionen, Bahnschwellen sowie im Außenbau im Kontakt mit dem Erdboden. Wird auch zu Span- und Furnierholz verarbeitet.

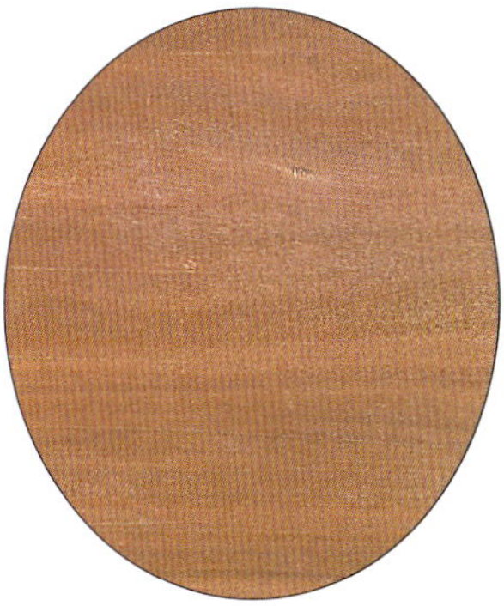

LIQUIDAMBAR STYRACIFLUA Familie: HAMAMELIDACEAE

Amberbaum

VORKOMMEN
Wächst von Neuengland über Mexiko bis nach Zentralamerika.

ERSCHEINUNGSBILD
Das rahmweiße Splintholz und das rosé- bis rötlichbraune Kernholz werden getrennt verkauft. Unregelmäßig gefasert mit feiner, gleichmäßiger Textur und seidigem Glanz.

EIGENSCHAFTEN
Darrdichte liegt bei 560 kg/m^3. Trocknet relativ schnell mit der Tendenz zum Werfen. Verfügt über mittlere Stärke in allen Kategorien und sehr schlechte Dampfbiegeeigenschaften.

VERARBEITUNG
Das Kernholz läßt sich leicht von Hand und maschinell bearbeiten, und stumpft das Werkzeug kaum ab. Nimmt Schrauben und Nägel nur mit Schwierigkeiten an und läßt sich leicht kleben.

HOLZSCHUTZ
Nicht alterungsbeständig und anfällig für Insektenbefall. Das Kernholz ist moderat resistent gegen Holzschutzbehandlung, aber das Splintholz ist permeabel.

VERWENDUNG
Wird als Ausstattungsholz für Möbel verwendet. Im Innenbau für Türen und Paneele geeignet sowie als Konstruktionsholz für Transportkisten und Paletten. Wird auch zu Span- und Furnierholz verarbeitet.

5
4
6
3
4
6
H

LIRIODENDRON TULIPIFERA Familie: MAGNOLIACEAE

American Whitewood

VORKOMMEN
Wächst im Osten der USA und in Kanada. Wird fälschlicherweise auch Tulpenbaum genannt.

ERSCHEINUNGSBILD
Das Splintholz ist rahmweiß, das Kernholz variiert von Gelblichbraun bis Olivbraun mit Streifen. Das Holz ist geradfaserig mit feiner, gleichmäßiger Textur.

EIGENSCHAFTEN
Darrdichte liegt bei durchschnittlich 440 kg/m³. Trocknet gut in der Kammer mit nur geringer Schwindung. Arbeitet wenig und verfügt über mittlere Druckfestigkeit, geringe Biegefestigkeit, Tragfähigkeit und Schlagfestigkeit. Moderate Dampfbiegeeigenschaften.

VERARBEITUNG
Läßt sich von Hand und maschinell gut bearbeiten, bietet guten Nagel- und Klebehalt und nimmt Beizen, Farben und Polituren gut an.

HOLZSCHUTZ
Das Kernholz ist nicht alterungsbeständig, während das Splintholz anfällig für den gewöhnlichen Nagekäfer ist. Moderat resistent gegen Holzschutzbehandlung, aber das Splintholz ist permeabel.

VERWENDUNG
Wird als Ausstattungsholz für Möbel, im Innenbau für Türen und als Spezialholz für den Modellbau verwendet. Ferner geeignet für Verpackungen, Paletten und für Inneneinrichtungen von Booten. Beliebt in der Bildhauerei und Schnitzerei. Wird darüber hinaus häufig zu Span- und Furnierholz verarbeitet.

7
7
10
9
9
10
H

LOPHIRA ALATA Familie: OCHNACEAE

Bongossi

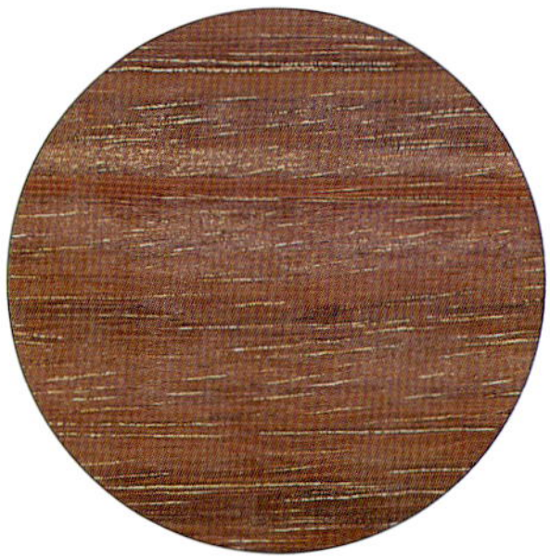

VORKOMMEN
Wächst in den Regenwäldern West- und Mittelafrikas in den Sümpfen von Sierra Leone über Nigeria bis nach Kamerun.

ERSCHEINUNGSBILD
Das roséfarbene Splintholz hebt sich stark vom edlen Kernholz ab, dessen Färbung von Dunkelviolettbraun bis Schokoladenbraun mit fleckigen weißen Ablagerungen in den Poren variiert. Meist wechseldrehwüchsig gefasert, manchmal unregelmäßig mit einer groben, ungleichmäßigen Textur.

EIGENSCHAFTEN
Darrdichte variiert von 950–1140 kg/m³. Extrem schwertrocknend und reißt stark ein, was sich wertmindernd auswirken kann. Arbeitet stark, verfügt über sehr hohe Biegefestigkeit und Tragfähigkeit, sowie hohe Druck- und Schlagfestigkeit. Zum Dampfbiegen ungeeignet.

VERARBEITUNG
Sehr schwierig von Hand zu bearbeiten. Für die maschinelle Verarbeitung sind hartmetallbestückte Werkzeuge zu empfehlen. Schwer zu sägen, stumpft das Werkzeug stark ab. Muß vorgebohrt werden und ist teilweise nur schwer zu kleben.

HOLZSCHUTZ
Zählt zu den alterungsbeständigsten Hölzern Afrikas und ist resistent gegen Insekten- und Pilzbefall. Sehr resistent gegen Holzschutzbehandlung.

VERWENDUNG
Geeignet als schweres Konstruktionsholz für Wasserbauten und Schachtabstützungen. Wird zu Fahrbahnen für die gummiradbereifte Pariser Métro verarbeitet.

MICROBERLINIA BRAZZAVILLENSIS Familie: *CAESALPINIACEAE*

Zebrano

VORKOMMEN

Wächst in den tropischen Regenwäldern Westafrikas, hauptsächlich in Kamerun und Gabun.

ERSCHEINUNGSBILD

Das Kernholz zeigt im Radialschnitt einen hellgoldgelben Hintergrund und ist teilweise dunkelbraun geadert, wodurch ein Zebramuster entsteht. Wechseldrehwüchsig gefasert bei grober Textur mit glänzender Oberfläche.

EIGENSCHAFTEN

Darrdichte liegt bei 730 kg/m^3. Das Holz ist schwierig zu trocknen und neigt zum Werfen. Arbeitet wenig und verfügt über hohe Werte in allen Stärkekategorien sowie eine sehr hohe Tragfähigkeit. Nicht zum Dampfbiegen geeignet.

VERARBEITUNG

Läßt sich gut von Hand und maschinell bearbeiten, ist aber wegen des Faserwuchses schwer zu glätten. Beim Kleben ist Sorgfalt erforderlich, und vor dem Polieren sollte ein klarer Porenfüller aufgetragen werden.

HOLZSCHUTZ

Das Holz ist nicht alterungsbeständig und resistent gegen Holzschutzbehandlung. Das Splintholz ist permeabel.

VERWENDUNG

Wird zu dekorativen Furnieren verarbeitet und sollte sorgfältig gestapelt werden. Wird als Spezialholz für die Bildhauerei und Schnitzerei verwendet. In Europa nur unregelmäßig und in geringen Mengen erhältlich.

8 7 10 9 8 9 H

MILLETTIA SPP. Familie: *FABACEAE*

Wengé und Panga Panga

VORKOMMEN

Wengé *(M. laurentii)* kommt hauptsächlich in Zaire, Kamerun und Gabun vor, während das engverwandte Panga Panga *(M. stuhlmanii)* aus Moçambique stammt.

ERSCHEINUNGSBILD

Das weißliche Splintholz hebt sich stark vom dunkelbraunen Kernholz ab, das durch etwa 0,5 mm breite Parenchymbänder hellbraun geadert wird. Es ist geradfaserig mit unregelmäßiger, grober Textur.

EIGENSCHAFTEN

Die Darrdichte von Wengé liegt bei 750–790 kg/m^3, von Panga Panga bei 800 kg/m^3. Trocknung erfordert viel Sorgfalt, da beide Hölzer langsam trocknen und reißen können. Beide Hölzer arbeiten wenig. Wengé verfügt über hohe Biege- und Schlagfestigkeit, sowie mittlere Tragfähigkeit bei schlechten Dampfbiegeeigenschaften.

VERARBEITUNG

Beide Hölzer lassen sich gut von Hand und maschinell bearbeiten, aber die Messer sollten scharf gehalten werden. Zum Nageln und Schrauben vorbohren.

HOLZSCHUTZ

Beide Hölzer sind alterungsbeständig und extrem resistent gegen Holzschutzbehandlung.

VERWENDUNG

Wengé eignet sich hervorragend als Konstruktionsholz im Innen- und Außenbau sowie für stark belastete Bodenbeläge. Beliebt zum Drechseln und ideal für die Bildhauerei. Wird außerdem zu Furnierholz verarbeitet. In Europa nur unregelmäßig in unterschiedlichen Mengen erhältlich.

8 4 10 7 8 6 H

4 2 6 4 4 6 H

MITRAGYNA/HALLEA CILIATA Familie: NAUCLEACEAE

Abura

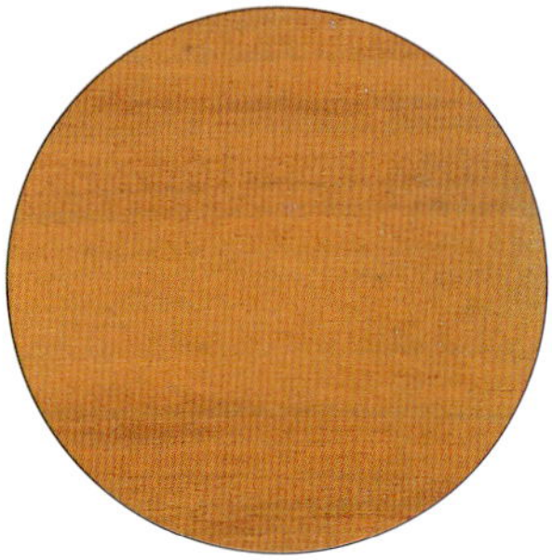

VORKOMMEN
Wächst in den Küstensumpfwäldern des tropischen Westafrika von Sierra Leone und Liberia bis nach Kamerun und Gabun.

ERSCHEINUNGSBILD
Das Splintholz ist unauffällig und hebt sich nicht vom Kernholz ab, dessen Farbe zwischen Blaßgelb und Hellbraun variiert. Die Faser ist größtenteils gerade, manchmal wechseldrehwüchsig und gelegentlich drehwüchsig. Die Textur ist mittelfein und sehr gleichmäßig.

EIGENSCHAFTEN
Darrdichte variiert von 430–610 kg/m^3 bei einem Durchschnitt von 530 kg/m^3. Trocknet sowohl an der Luft wie auch in der Kammer schnell und sicher. Arbeitet nur wenig und verfügt über sehr geringe Tragfähigkeit, mittlere Druck- und niedrige Schlagfestigkeit bei sehr schlechten Dampfbiegeeigenschaften.

VERARBEITUNG
Läßt sich gut von Hand und maschinell bearbeiten, ist aber kieselerdehaltig, was zu mäßiger bis starker Abstumpfung der Werkzeuge führt. Schneiden müssen scharf gehalten werden. Zum Nageln und Schrauben vorbohren.

HOLZSCHUTZ
Kernholz ist wenig alterungsbeständig und anfällig für Insektenbefall, aber das Splintholz ist permeabel für Holzschutzmittel.

VERWENDUNG
Wird als Ausstattungsholz im Möbelbau und für Leisten sowie im Innenbau für stark beanspruchte Bodenbeläge verwendet. Geeignet als Spezialholz im Modell- und Karosseriebau. In Europa nur unregelmäßig und in unterschiedlichen Mengen erhältlich.

4 6 8 6 6 8 H

NAUCLEA DIDERRICHI Familie: NAUCLEACEAE

Bilinga

VORKOMMEN
Wächst in den äquatorialen Wäldern Westafrikas – in Guinea, Liberia, an der Elfenbeinküste, in Ghana, Nigeria und Kamerun.

ERSCHEINUNGSBILD
Das roséfarbene Splintholz hebt sich stark vom Kernholz mit seiner goldgelben Färbung ab, die zu einem gleichförmigen Orangebraun reift. Manchmal geradfaserig, meist aber wechseldrehwüchsig. Die Textur ist grob.

EIGENSCHAFTEN
Darrdichte liegt bei 730 kg/m^3. Radial geschnittenes Holz trocknet relativ schnell mit geringer Rißbildung oder Werfung. Tangential geschnittenes Holz ist eher schwertrocknend. Arbeitet wenig und verfügt über mittlere Biegefestigkeit und Tragfähigkeit, hohe Druckfestigkeit und niedrige Schlagfestigkeit bei schlechten Dampfbiegeeigenschaften.

VERARBEITUNG
Läßt sich gut maschinell und von Hand bearbeiten. Radial geschnittenes Holz ist mit reduziertem Anstellwinkel zu hobeln. Zum Nageln und Schrauben vorbohren.

HOLZSCHUTZ
Das Kernholz besitzt eine hohe Resistenz gegen Wasserschädlinge und Pilze. Das Splintholz ist anfällig für Insektenbefall aber permeabel für Holzschutzbehandlung.

VERWENDUNG
Wird als Konstruktionsholz im Innen- und Außenbau, im Wasserbau sowie als Ausstattungsholz im Möbelbau verwendet. Wird zu Furnierholz verarbeitet. Nur in geringen Mengen erhältlich.

NESOGORDONIA PAPAVERIFERA Familie: *STERCULIACEAE*

Kotibé

VORKOMMEN
Wächst in den laubwechselnden Mischwäldern des südlichen Nigeria, der Elfenbeinküste und Ghanas.

ERSCHEINUNGSBILD
Das Splintholz zeigt ein sehr blasses Braun mit roséfarbener Tönung und hebt sich stark vom rötlichbraunen Kernholz ab. Die Faser ist eng wechseldrehwüchsig und die Textur ist fein.

EIGENSCHAFTEN
Darrdichte liegt bei 730 kg/m^3. Trocknet gut mit geringer Schwindung und arbeitet moderat. Verfügt über hohe Biege- und Druckfestigkeit, geringe Tragfähigkeit und mittlere Schlagfestigkeit bei moderaten Dampfbiegeeigenschaften.

VERARBEITUNG
Läßt sich gut von Hand und maschinell bearbeiten, allerdings richtet sich die Faser bei radial geschnittenen Flächen auf. Muß zum Schrauben und Nageln vorgebohrt werden.

HOLZSCHUTZ
Ist anfällig für Befall durch den Splintholzkäfer. Das Kernholz ist resistent gegen Wasserschädlinge.

VERWENDUNG
Wird im Innen- und Außenbau sowie als Ausstattungsholz für Möbel verwendet. Gut geeignet für dekorative Bodenbeläge. Spezialholz für den Grafikdruck, Werkzeuggriffe und Waffenschäfte. Wird zu Furnierholz verarbeitet.

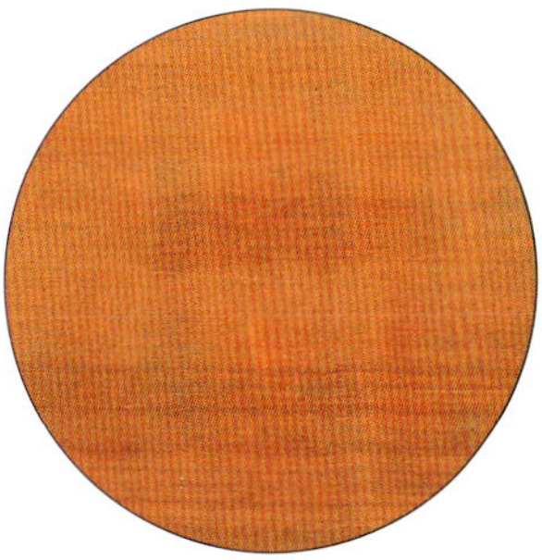

NOTHOFAGUS CUNNINGHAMII Familie: *FAGACEAE*

Tasmanische Buche

VORKOMMEN
Dieser eng mit der Buche verwandte australische Baum wächst in Tasmanien und Victoria.

ERSCHEINUNGSBILD
Das roséfarbene bis rötlichbraune innere Kernholz ist vom dünnen weißen Splintholz durch eine gemischtfarbige Zone getrennt. Wechseldrehwüchsig gefasert, oftmals auch wellig mit sehr feiner und gleichmäßiger Textur.

EIGENSCHAFTEN
Darrdichte liegt bei 720 kg/m^3. Das äußere Kernholz trocknet schnell und gut, aber der innere Kern neigt zur Instabilität, was aber durch Konditionieren behoben werden kann. Das Holz arbeitet wenig und verfügt über mittlere Biegefestigkeit und Tragfähigkeit, hohe Druckfestigkeit und niedrige Schlagfestigkeit bei guten Dampfbiegeeigenschaften.

VERARBEITUNG
Läßt sich gut von Hand und maschinell bearbeiten und stumpft das Werkzeug nur moderat ab. Guter Nagel- und Schraubenhalt. Der Klebehalt ist nur zufriedenstellend.

HOLZSCHUTZ
Das Kernholz ist nicht alterungsbeständig. Das Splintholz ist anfällig für Befall durch den Splintholzkäfer, aber permeabel für Holzschutzbehandlung.

VERWENDUNG
Sehr vielseitig. Findet Verwendung als Ausstattungsholz für Schränke und Möbel sowie im Innenbau, als Profilleisten, Bodenbelag und Parkettfußboden. Geeignet für Drechslerwaren, Lebensmittelbehälter und Karosseriebau. Wird auch zu Span- und Furnierholz verarbeitet.

4 | 4 | 6 | 6 | 6 | 7 | H

NOTHOFAGUS MENZIESII Familie: FAGACEAE

Südbuche

VORKOMMEN

Weitere Arten dieses neuseeländischen Baumes sind die Neuseelandbuche und Hard Beech, die aber keine echten Buchen sind.

ERSCHEINUNGSBILD

Das innere Kernholz ist gleichförmig roséebraun. Neben dem dünnen Splintholz existiert ein lachsfarbenes falsches Kernholz, das unter kommerziellen Gesichtspunkten als Splintholz betrachtet wird. Überwiegend geradfaserig und manchmal wirbelwüchsig mit einer feinen, gleichmäßigen Textur.

EIGENSCHAFTEN

Die Darrdichte der Südbuche liegt bei 530–730 kg/m³, die von Neuseelandbuche und Hard Beech bei 700 kg/m³ bzw. 770 kg/m³. Das Holz trocknet relativ leicht mit der Tendenz zu Endrissen aber eher geringer Verwerfung. Arbeitet wenig und verfügt über mittlere Biege- und Druckfestigkeit, geringe Tragfähigkeit und Schlagfestigkeit sowie gute Dampfbiegeeigenschaften.

VERARBEITUNG

Süd- und Neuseelandbuche lassen sich leicht von Hand und maschinell bearbeiten, solange radial geschnittene Flächen keinen unregelmäßige Faserwuchs aufweisen. Die Kieselerde in der Hard Beech stumpft das Werkzeug stark ab.

HOLZSCHUTZ

Südbuche ist nicht alterungsbeständig. Alle Hölzer sind anfällig für Schädlingsbefall und resistent gegen Holzschutzmittel.

VERWENDUNG

Ausstattungsholz, Innen- und Außenbau, Span- und Furnierholz.

2 | 2 | 2 | 3 | 2 | 2 | H

OCHROMA PYRAMIDALE Familie: BOMBACAEAE

Balsa

VORKOMMEN

Wächst von Kuba bis Trinidad und von Südmexiko über Zentralamerika bis nach Brasilien. Der überwiegende Teil des leichtesten Holzes der Welt stammt aus Ecuador.

ERSCHEINUNGSBILD

Kommerziell wird hauptsächlich das weiße bis beigefarbene Splintholz genutzt, das oftmals eine roséfarbene oder gelbe Tönung aufweist. Das Innere des Kernholzes ist blaßbraun. Es ist geradfaserig mit einer feinen Textur.

EIGENSCHAFTEN

Die Darrdichte reicht von 50–130 kg/m³ und liegt im Durchschnitt bei 90 kg/m³. Das Holz ist sehr schwer zu trocknen und sollte unmittelbar nach dem Fällen geschnitten werden. Balsa ist das in allen Kategorien schwächste der kommerziell genutzten Hölzer und verfügt über sehr schlechte Dampfbiegeeigenschaften.

VERARBEITUNG

Läßt sich leicht mit scharfen Werkzeugen von Hand und maschinell bearbeiten. Als einzig brauchbare Verbindung empfiehlt sich die Klebung.

HOLZSCHUTZ

Wenig alterungsbeständig und anfällig für Insektenbefall, aber permeabel für die Behandlung mit Holzschutzmitteln.

VERWENDUNG

Geeignet als Isoliermaterial für Kühlräume. Wird wegen seines Auftriebs im Wassersport geschätzt. Als Spezialholz für Modellbau und Schauspielrequisiten geeignet. Wird als Füllmaterial im Flugzeuginnenbau verwendet.

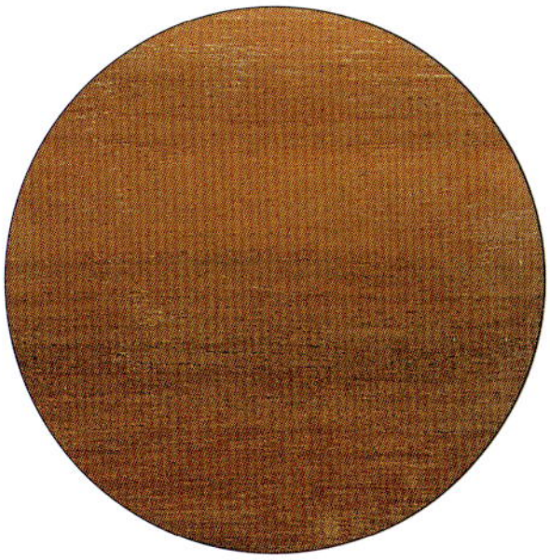

OCOTEA BULLATA Familie: LAURACEAE

Stinkholz

VORKOMMEN
Das Stinkholz kommt in Südafrika in den Wäldern der Kaphalbinsel, in Natal und in Transvaal vor.

ERSCHEINUNGSBILD
Das Kernholz variiert von Blaßgraubraun über Dunkelrötlichbraun bis hin zu Schwarz. Die Faser ist gerade, wechseldrehwüchsig oder drehwüchsig. Frisch geschnitten verströmt es einen unangenehmen Geruch, der sich aber nicht über die Trocknung hinweg erhält.

EIGENSCHAFTEN
Darrdichte variiert von 670 kg/m³ bei hellem Holz bis zu rund 800 kg/m³ bei dunklerem Holz. Das dunklere Holz ist schwerer zu trocknen und zeigt beträchtliche Schwindung. Verfügt über mittlere Tragfähigkeit, Biege- und Druckfestigkeit sowie über hohe Schlagfestigkeit. Nicht zum Dampfbiegen geeignet.

VERARBEITUNG
Läßt sich relativ leicht von Hand und maschinell bearbeiten, stumpft das Werkzeug aber stark ab. Muß zum Nageln und Schrauben vorgebohrt werden, läßt sich aber gut kleben.

VERWENDUNG
Wird in Südafrika sehr geschätzt für hochwertige Gehäuse und Möbel, insbesondere Stilmöbel. Wird ferner als leichtes Konstruktionsholz für Innen- und Außenbau, als Bodenbelag für Wohnräume sowie als Spezialholz für Karosserien, Drechslerwaren, Leitern, Sportgeräte und Spielzeuge verwendet. Wird auch zu Furnierholz verarbeitet.

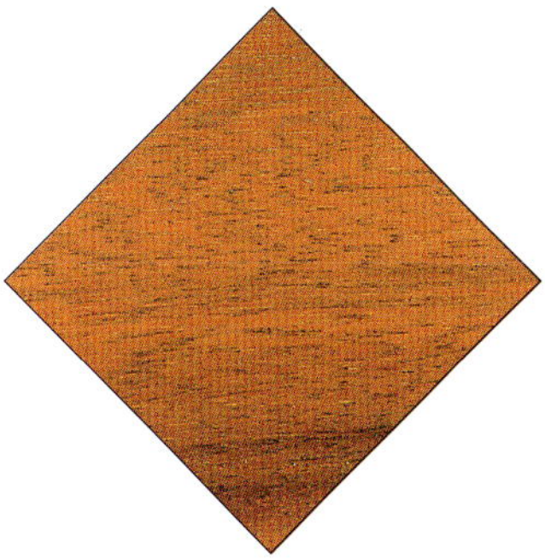

OCOTEA USAMBARENSIS Familie: LAURACEAE

Camphor

VORKOMMEN
Wächst in Kenia an den südlichen und östlichen Hängen des Mount Kenya und in der Aberdare-Ebene. Kommt außerdem in Tansania auf dem Mount Kilimanjaro, in Usambara und Upare vor.

ERSCHEINUNGSBILD
Das Splintholz hebt sich nicht deutlich vom Kernholz ab, das eine hellgelbe bis grünlichbraune Farbe besitzt, die zu einem Tiefbraun reift. Viele Bäume sind krummwüchsig mit verdrehter oder wechseldrehwüchsiger Faser. Die Textur ist mittelfein.

EIGENSCHAFTEN
Darrdichte variiert von 510–640 kg/m³ bei einem Durchschnitt von 590 kg/m³. Trocknet in der Kammer langsam bei geringer Schwindung, kann aber bei zu schneller Trocknung werfen. Arbeitet wenig und verfügt über mittlere Biege- und Druckfestigkeit, geringe Tragfähigkeit und Schlagfestigkeit, sowie mittelgute Dampfbiegeeigenschaften.

VERARBEITUNG
Läßt sich bei nur geringer Abstumpfung gut von Hand und maschinell bearbeiten. Nagel- und Klebehalt sind zufriedenstellend bis gut. Nimmt Beizen gut an.

HOLZSCHUTZ
Sehr alterungsbeständig und resistent gegen Insektenbefall und Holzschutzbehandlung. Das Splintholz ist permeabel.

VERWENDUNG
Ideal als Ausstattungsholz für Möbel und Gehäuse sowie für den Innen- und Außenbau geeignet. Wird verwendet für leichte Baukonstruktionen, Fahrzeuge und Bodenbeläge sowie als Furnierholz.

9 10 10 10 10 10 H

OCOTEA RODIAEI Familie: LAURACEAE

Grünherzholz

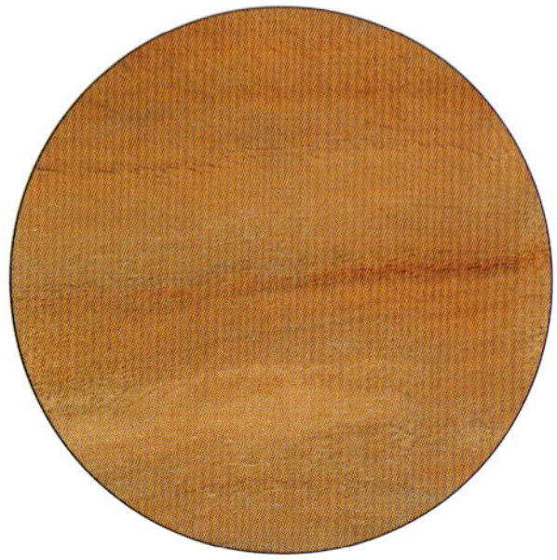

VORKOMMEN
Wichtigstes, kommerziell genutztes Schnittholz Guyanas. Wächst in geringem Ausmaß auch in Surinam und Venezuela.

ERSCHEINUNGSBILD
Das gelblichgrüne Splintholz geht kaum sichtbar ins Kernholz über, dessen Färbung von Gelbgrün über Olivgrün bis Dunkelbraun variiert und oft dunkel geadert ist. Gerade- bis wechseldrehwüchsiger Faserwuchs mit feiner und gleichmäßig glänzender Textur.

EIGENSCHAFTEN
Darrdichte liegt bei durchschnittlich 1020 kg/m^3. Das Holz trocknet langsam mit beträchtlicher Schwindung. Arbeitet moderat und verfügt über hohe Werte in allen Kategorien bei moderaten Dampfbiegeeigenschaften.

VERARBEITUNG
Nicht ungefährlich in der Verarbeitung, da sich aus dem wechseldrehwüchsigen Holz giftige Splitter lösen. Der unregelmäßige Wuchs erschwert die maschinelle Bearbeitung. Vorbohren ist unerläßlich. Der Klebehalt wechselt. Es können glänzende Oberflächen erzielt werden.

HOLZSCHUTZ
Grünherzholz ist sehr alterungsbeständig und teilweise extrem resistent gegen Wasserschädlinge und Holzschutzbehandlung.

VERWENDUNG
Wird als Konstruktionsholz für Wasserbauten sowie im Schiffsbau und für Bodenbeläge verwendet. Ferner als Spezialholz für Chemikalienfässer, Werkzeuggriffe und Angelruten geeignet. In Europa nur in geringen Mengen erhältlich.

8 8 10 9 8 8 H

OLEA HOCHSTETTERI Familie: OLEACEAE

Olivenbaum

VORKOMMEN
Wird im Mittelmeerraum wegen seiner eßbaren Früchte und wegen des Olivenöls angebaut. Kommerzielles Schnittholz kommt aus Kenia, Tansania und Uganda.

ERSCHEINUNGSBILD
Das Splintholz ist cremegelb und recht unauffällig, aber das Kernholz zeigt einen blaßbraunen Hintergrund mit attraktiver Zeichnung. Die Faser ist gerade bis wechseldrehwüchsig, und die Textur ist sehr fein und gleichmäßig.

EIGENSCHAFTEN
Darrdichte variiert von 800–880 kg/m^3. Ein schwertrocknendes Holz, das besser langsam an der Luft getrocknet werden sollte als in der Kammer. Arbeitet stark und verfügt über hervorragende Werte in allen Kategorien. Das Splintholz kann zwar geringfügig gebogen werden, dennoch sind die Dampfbiegeeigenschaften von Olivenholz nur moderat.

VERARBEITUNG
Schwierig zu verarbeiten, da der Wechseldrehwuchs die maschinelle Bearbeitung beeinträchtigt. Hoher Schneidewiderstand bei moderat abstumpfenden Werkzeugen. Muß vorgebohrt werden.

HOLZSCHUTZ
Das Kernholz ist moderat alterungsbeständig und resistent gegen Holzschutzbehandlung. Das Splintholz ist permeabel.

VERWENDUNG
Als dekorativer Bodenbelag und als Ausstattungsholz für Möbel und Gehäuse geeignet. Beliebt zum Drechseln und Schnitzen.

PALAQUIUM SPP. UND PAYENA SPP. Familie: SAPOTACEAE

Nyatoh

6
6
7
6
6
6
H

VORKOMMEN
Als Nyatoh werden diverse Spezies mit vergleichbaren Farben und Eigenschaften aus Malaysia, Indonesien und den südasiatischen Inseln zusammengefaßt.

ERSCHEINUNGSBILD
Das Splintholz ist generell nur wenig blasser als das tiefroséfarbene bis rotbraune, oftmals dunkelgestreifte Kernholz, von dem es sich kaum abhebt. Die Faser kann gerade, schwach wechseldrehwüchsig oder leicht wellig sein bei mittelfeiner, gleichmäßiger Textur.

EIGENSCHAFTEN
Darrdichte liegt im Durchschnitt bei 620–720 kg/m^3. Holz trocknet langsam mit leichter Tendenz zum Endreißen und Werfen. Arbeitet wenig und verfügt über mittlere Biege- und Druckfestigkeit, geringe Tragfähigkeit und Schlagfestigkeit sowie moderate Dampfbiegeeigenschaften.

VERARBEITUNG
Einige Spezies sind kieselerdehaltig und können das Werkzeug stark abstumpfen. Das Holz muß zum Nageln vorgebohrt werden, bietet aber guten Klebehalt. Oberflächen lassen sich gut endbehandeln.

HOLZSCHUTZ
Das Splintholz ist anfällig für Splintholzkäfer. Das Kernholz ist wenig bis moderat alterungsbeständig. Es ist sehr resistent gegen Holzschutzbehandlung.

VERWENDUNG
Die attraktiven Hölzer sind ideal als Ausstattungsholz für Möbel und für den Innenbau geeignet, ferner für die Kunsttischlerei und als Spezialholz für den Modellbau. Wird als Span- und Furnierholz verarbeitet.

PARATECOMA PEROBA Familie: BIGNONACEAE

Peroba jaune

4
4
8
6
8
8
H

VORKOMMEN
Wächst in den tropischen Küstenwäldern Brasiliens.

ERSCHEINUNGSBILD
Das weiße bis gelbliche Splintholz hebt sich stark vom Kernholz ab, das eine goldolivbraune Färbung mit grünlicher oder rötlicher Schattierung besitzt. Die Faser ist für gewöhnlich wechseldrehwüchsig oder gewellt. Die Textur ist mittelfein, gleichmäßig und häufig glänzend.

EIGENSCHAFTEN
Darrdichte liegt im Durchschnitt bei 650 kg/m^3 und das Holz trocknet leicht. Arbeitet moderat und verfügt über mittlere Biegefestigkeit, geringe Tragfähigkeit und Schlagfestigkeit, hohe Druckfestigkeit und moderate Dampfbiegeeigenschaften.

VERARBEITUNG
Läßt sich gut von Hand und maschinell bearbeiten und einfach zu einer glatten, seidigen Oberfläche hobeln. Schleif- und Sägestaub kann Haut- und Schleimhautreizungen auslösen.

HOLZSCHUTZ
Das alterungsbeständige Kernholz widersteht Insekten- und Pilzbefall und ist außerdem resistent gegen Holzschutzbehandlung.

VERWENDUNG
Besonders im Herkunftsland für hochwertige Möbel und Kunsttischlerei beliebt. Geeignet für Innen- und Außenbau sowie als Konstruktionsholz, für Bodenbeläge und als Spezialholz für z.B. Karosseriebau. Wird zu Furnierholz verarbeitet. In Europa nur in geringen Mengen erhältlich.

6 · 8 · 10 · 9 · 8 · 8 · H

PELTOGYNE SPP. Familie: CAESALPINIACEAE

Amaranth

VORKOMMEN
Wächst weitflächig im nordöstlichen Südamerika zwischen Mexiko und Südbrasilien.

ERSCHEINUNGSBILD
Das Splintholz ist weiß bis cremefarben. Das leuchtendviolette Kernholz reift zu dunklem Violettbraun. In der Regel geradfaserig, aber manchmal wellig oder wechseldrehwüchsig mit mittelfeiner, gleichmäßiger Textur.

EIGENSCHAFTEN
Darrdichte liegt im Durchschnitt bei etwa 850 kg/m^3. Das Holz trocknet relativ schnell mit geringer Schwindung. Arbeitet moderat und verfügt über hohe Biege- und Druckfestigkeit, hohe Tragfähigkeit und mittlere Schlagfestigkeit bei mäßigen Dampfbiegeeigenschaften.

VERARBEITUNG
Recht schwierig zu bearbeiten. Werkzeuge stumpfen moderat bis stark ab. Muß vorgebohrt werden, bietet aber guten Klebehalt. Polituren auf Alkoholbasis ziehen die violette Farbe aus dem Gewebe.

HOLZSCHUTZ
Das permeable Splintholz ist anfällig für Insektenbefall. Das Kernholz ist sehr alterungsbeständig und extrem resistent gegen Holzschutzbehandlung.

VERWENDUNG
Wird vor Ort für Gehäuse und Möbel verwendet, aber auch im Außenbau sowie für Schnitzerei und Bildhauerei. Geeignet als Spezialholz für Drechslerwaren, Boote, Sportgeräte, Sprungbrette, Stellmacherei und Billiardqueues. Wird außerdem zu Furnier verarbeitet.

6 · 6 · 8 · 9 · 8 · 8 · H

PERICOPSIS ELATA Familie: FABACEAE

Afrormosia

VORKOMMEN
Dieser Baum wächst an der Elfenbeinküste, in Ghana, Zaire und Nigeria. In verschiedenen Regionen auch als Assamela, Kokrodua, Ayin, Egbi und Andejen bekannt.

ERSCHEINUNGSBILD
Das helle, lederfarbene Splintholz hebt sich stark vom Kernholz ab, das frisch gefällt goldbraun ist und dann nachdunkelt. Die Faser variiert zwischen gerade und wechseldrehwüchsig und die Textur ist mittelfein.

EIGENSCHAFTEN
Darrdichte liegt bei etwa 650 kg/m^3. Holz trocknet langsam mit geringer Schwindung. Arbeitet kaum und verfügt über mittlere Tragfähigkeit, hohe Druck- und mittlere Schlagfestigkeit bei moderaten Dampfbiegeeigenschaften.

VERARBEITUNG
Die wechseldrehwüchsige Faser kann die maschinelle Bearbeitung beeinflussen, so daß hartmetallbestückte Sägen eingesetzt werden sollten. Muß vorgebohrt werden, bietet aber guten Klebehalt und nimmt eine Oberflächenbehandlung gut an.

HOLZSCHUTZ
Sehr alterungsbeständig, resistent gegen Pilz- und Insektenbefall sowie extrem resistent gegen Holzschutzbehandlung.

VERWENDUNG
Wird als Ausstattungsholz für hochwertige Möbel, Kunsttischlerei, Stühle sowie im Innenbau für Treppen und Wandpaneele verwendet. Geeignet als Konstruktionsholz für landwirtschaftliche Geräte, Uferbefestigungspfähle und Schleusentore. In Europa nur in kleineren Mengen erhältlich.

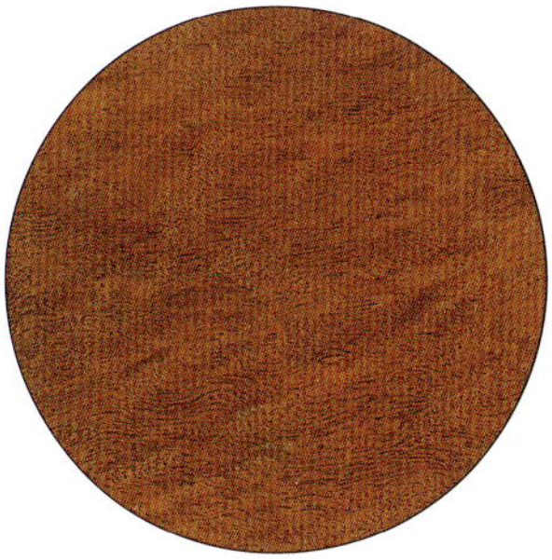

PHOEBE POROSA Familie: LAURACEAE

Imbuia

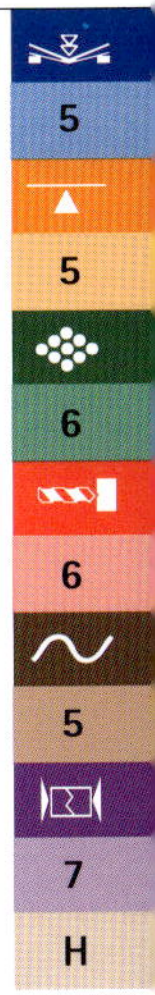

VORKOMMEN
Wächst in Südbrasilien und ist auch unter den Bezeichnungen Brasilianisches Pfefferholz und Brasilianischer Nußbaum bekannt.

ERSCHEINUNGSBILD
Das beigefarbene Splintholz hebt sich stark vom regelmäßig mehrfarbigen Kernholz ab, dessen Farbe von Olivgelb bis Schokoladenbraun variiert. Die Faser kann geradwüchsig sein, aber manchmal auch wellig oder wirbelwüchsig bei mittelfeiner Textur mit starkem Glanz.

EIGENSCHAFTEN
Darrdichte liegt bei 650 kg/m³. Trocknet schnell im Freien, wobei Sorgfalt nötig ist, um Verwerfungen zu vermeiden. Besser ist eine behutsame Trocknung in der Kammer, um eine Schwindung zu vermeiden. Arbeitet wenig und verfügt über mittlere bis geringe Werte in allen Kategorien bei sehr schlechten Dampfbiegeeigenschaften.

VERARBEITUNG
Läßt sich gut von Hand und maschinell bearbeiten und läßt sich gut glätten. Werkzeuge stumpfen nur wenig ab. Läßt sich gut kleben und nimmt Beizen und Polituren gut an.

HOLZSCHUTZ
Das alterungsbeständige Kernholz widersteht Insektenbefall und ist moderat resistent gegen Holzschutzbehandlung. Das Splintholz ist permeabel.

VERWENDUNG
Geeignet für hochwertige Gehäuse und Möbel sowie im Innenbau für Paneele und Büroausstattungen. Eignet sich außerdem für dekorative Bodenbeläge, die nur leicht beansprucht werden. In Europa nur unregelmäßig und in kleinen Mengen erhältlich.

PICEA ABIES Familie: PINACEAE

Fichte/Rottanne

VORKOMMEN
Wächst in ganz Nord-, Südost- und Nordosteuropa bei weiter künstlicher Verbreitung.

ERSCHEINUNGSBILD
Die Farbe variiert von Gelblichweiß bis Gelbbraun und besitzt einen natürlichen Glanz. Die Jahresringe sind klar definiert. Das Holz ist geradfaserig mit feiner Textur.

EIGENSCHAFTEN
Darrdichte liegt im Durchschnitt bei 430 kg/m³. Fichtenholz trocknet schnell, neigt aber zum Werfen. Arbeitet moderat und verfügt über geringe Tragfähigkeit und Schlagfestigkeit, mittlere Biege- und Druckfestigkeit sowie schlechte Dampfbiegeeigenschaften.

VERARBEITUNG
Läßt sich leicht von Hand und maschinell bearbeiten bei gutem Nagel-, Schrauben- und Klebehalt. Nimmt Beizen und Lacke gut an.

HOLZSCHUTZ
Das Splintholz ist anfällig für Befall durch den gewöhnlichen Nagekäfer. Das nicht alterungsbeständige Kernholz ist resistent gegen Holzschutzbehandlung.

VERWENDUNG
Neben der Eigenschaft als Hauptlieferant für Weihnachtsbäume eignet sich die Fichte auch für den Innen- und Außenbau, als Konstruktionsholz sowie als Ausstattungsholz für Möbel und ist beliebt als Bodenbelag für Wohnräume. Fichtenholz aus Zentral- und Osteuropa sowie aus den alpinen Regionen Nordamerikas liefert hervorragende Resonanzböden für Tasteninstrumente und wird auch zu Spanholz verarbeitet.

6 6 4 5 5 6 W

PICEA SITCHENSIS Familie: PINACEAE

Sitkafichte

VORKOMMEN
Wächst an der Pazifikküste Nordamerikas und Westkanadas bis hinunter nach Kalifornien.

ERSCHEINUNGSBILD
Das roséfarbene Splintholz geht in das hellrosébraune Kernholz über, das für gewöhnlich geradfaserig, manchmal auch drehwüchsig ist und eine grobe, aber gleichmäßige Textur besitzt.

EIGENSCHAFTEN
Darrdichte liegt bei 430 kg/m^3. Muß in großen Abschnitten sorgfältig getrocknet werden, da es sehr schnell trocknet und zum Werfen neigt. Holz arbeitet moderat und verfügt über mittlere Biege-, Schlag- und Druckfestigkeit sowie mittlere Tragfähigkeit. Im Verhältnis zur Dichte ist die Festigkeit recht hoch. Die Dampfbiegeeigenschaften sind gut.

VERARBEITUNG
Läßt sich leicht von Hand und maschinell bearbeiten, bietet guten Schrauben- und Nagelhalt und nimmt verschiedene Oberflächenbehandlungen gut an.

HOLZSCHUTZ
Das Kernholz ist nicht alterungsbeständig und zeigt sich resistent gegen die Behandlung mit Holzschutzmitteln.

VERWENDUNG
Aufgrund variierender Festigkeitswerte ist eine sorgfältige Auswahl für Dielenbalken, Dachsparren und Kantholz für Fachwerk erforderlich. Wird in Kanada für Innenbau und Küferei verwendet. Als Spezialholz auch im Schiffsbau und als Resonanzböden für Musikinstrumente geeignet. Wichtigster Grundstoff für Zeitungspapier.

2 2 4 6 4 5 W

PINUS MONTICOLA Familie: PINACEAE

Gebirgsstrobe

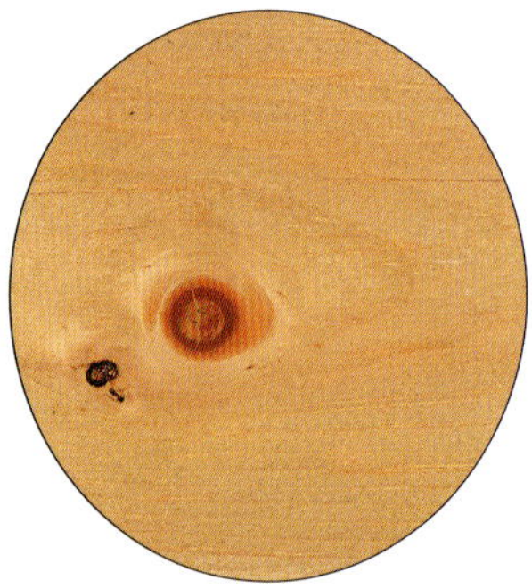

VORKOMMEN
Wächst in den Gebirgswäldern Westkanadas und der westlichen USA, nach Süden bis zum Kern River in Kalifornien und nach Osten bis ins nördliche Montana. Die größten Vorkommen finden sich im nördlichen Idaho.

ERSCHEINUNGSBILD
Das Splintholz ist weiß, das nur unwesentlich dunklere Kernholz variiert von strohfarben bis hin zu rötlichbraunen Schattierungen. Es ist geradfaserig mit glatter, gleichmäßiger Textur.

EIGENSCHAFTEN
Darrdichte liegt bei rund 450 kg/m^3. Trocknet zügig und gut bei nur geringer Rißbildung und Verwerfung. Arbeitet wenig und verfügt über relativ niedrige Festigkeitswerte und ist nicht zum Dampfbiegen geeignet.

VERARBEITUNG
Läßt sich leicht von Hand und maschinell bearbeiten, bietet problemlosen Schrauben- und Nagelhalt und nimmt Farbe und Lack gut an.

HOLZSCHUTZ
Das Holz ist nicht alterungsbeständig und anfällig für Insektenbefall. Gegen den Einsatz von Holzschutzmitteln ist das Holz moderat resistent. Das Splintholz ist permeabel.

VERWENDUNG
Wird hauptsächlich im Innenbau für Türen, Fensterrahmen und sonstige Einbauteile verwendet, ferner als Ausstattungsholz für Möbel und Gehäuse sowie im Schiffsbau. Geeignet als Spezialholz für den Modellbau und für Zeichenbretter. Wird auch zu Span- und Furnierholz verarbeitet.

PINUS PALUSTRIS Familie: *PINACEAE*

Sumpfkiefer

VORKOMMEN
Dies ist das schwerste, kommerziell genutzte Weichholz und wächst in den gesamten USA in einem Bogen von Virginia über Florida bis an den Golf von Mexiko.

ERSCHEINUNGSBILD
Das cremerosèfarbene Splintholz ist recht dünn und kontrastiert mit dem gelbroten bis rötlichbraunen Kernholz mit seiner auffälligen Wachstumsringzeichnung. Es ist harzig mit einer groben Textur.

EIGENSCHAFTEN
Darrdichte liegt zwischen 650–690 kg/m³. Holz trocknet gut mit geringer Schwindung. Arbeitet kaum und verfügt über hohe Biege- und Druckfestigkeit, hohe Tragfähigkeit und mittlere Schlagfestigkeit. Nicht zum Dampfbiegen geeignet.

VERARBEITUNG
Kann gut von Hand und maschinell bearbeitet werden. Der Harzaustritt kann Probleme bereiten. Bietet guten Schrauben-, Nagel- und Klebehalt. Die Oberfläche läßt sich leicht behandeln.

HOLZSCHUTZ
Moderat alterungsbeständig, wobei es hin und wieder zu Käferbefall kommt. Holz ist resistent gegen Holzschutzbehandlung, aber das Splintholz ist permeabel.

VERWENDUNG
Wird als schweres Konstruktionsholz für Dockanlagen, Rammpfähle, Brücken, Güterzugwagen sowie im Schiffs- und Außenbau verwendet. Niedrigere Qualitäten werden im Innenbau, als Bodenbeläge für Wohnräume sowie für Kisten und Paletten verwendet.

PINUS PONDEROSA Familie: *PINACEAE*

Ponderosapinie/Gelbkiefer

VORKOMMEN
Wächst in den trockeneren Regionen des südlichen British Columbia und von Montana über Nebraska und Texas bis nach Mexiko und im Westen bis an die Pazifikküste.

ERSCHEINUNGSBILD
Reife Bäume besitzen ein sehr dickes blaßgelbes, weiches und harzfreies Splintholz und eine gleichmäßige Textur. Das Kernholz ist orange bis braun und gelegentlich schwerer als das Splintholz.

EIGENSCHAFTEN
Darrdichte beträgt etwa 510 kg/m³. Holz trocknet leicht und gut mit geringer Schwindung. Arbeitet kaum und verfügt über mittlere Biege- und Druckfestigkeit, geringe Tragfähigkeit und Schlagfestigkeit sowie schlechte Dampfbiegeeigenschaften.

VERARBEITUNG
Läßt sich gut von Hand und maschinell bearbeiten, aber das Harz setzt sich an Messern und Sägeblättern fest. Bietet zufriedenstellenden Klebe- und guten Nagel- und Schraubenhalt. Nimmt Farben und Lacke nach Entfernung des Oberflächenharzes gut an.

HOLZSCHUTZ
Ist nicht alterungsbeständig und moderat resistent gegen Holzschutzbehandlung. Das Splintholz ist permeabel.

VERWENDUNG
Das Splintholz wird in Amerika im Modellbau verwendet, während man das Kernholz für Küchenmöbel, Baukonstruktionen, Fensterrahmen, Türen, Transportverpackungen, Kisten und Paletten sowie in der Schreinerei verwendet. Wird auch zu Furnierholz und Paneelen verarbeitet.

4 4 6 4 4 4 W

PINUS RADIATA Familie: PINACEAE

Montereykiefer

VORKOMMEN
Dies ist das meistangebaute kommerzielle Weichholz in den warmen, gemäßigten Regionen Kaliforniens, Australiens, Neuseelands und Südafrikas. Wächst auch in Portugal und Spanien.

ERSCHEINUNGSBILD
Der überwiegende Teil des Schnittholzes besitzt dickes, blasses Splintholz und ein recht dünnes, altroséfarbenes Kernholz mit unauffälligen Wachstumsringen und einer glatten, gleichmäßigen Textur. Meist gerader Faserwuchs, manchmal auch drehwüchsig.

EIGENSCHAFTEN
Darrdichte liegt bei etwa 430 kg/m³. Trocknet schnell bei geringer Schwindung. Arbeitet kaum und verfügt über geringe Biegefestigkeit und Tragfähigkeit, mittlere Druck- und Schlagfestigkeit. Zum Dampfbiegen nicht geeignet.

VERARBEITUNG
Läßt sich gut von Hand und maschinell bearbeiten bei gutem Nagel-, Schrauben- und Klebehalt. Gute Oberflächenbehandlung.

HOLZSCHUTZ
Ist nicht alterungsbeständig und zeigt manchmal Käferschäden. Das Splintholz ist anfällig für den gewöhnlichen Nagekäfer, aber permeabel für Holzschutzbehandlung.

VERWENDUNG
Wird hauptsächlich im Baugewerbe eingesetzt sowie für Pack- und Transportkisten, aber auch für Möbel und im Innenbau. Wird zu Span- und Furnierholz verarbeitet.

2 2 4 4 4 5 W

PINUS STROBUS Familie: PINACEAE

Strobe

VORKOMMEN
Wächst in Mittel- und Westeuropa, besonders in Mittel- und Süddeutschland, sowie im östlichen Nordamerika. Auch unter dem Namen Weymouthskiefer bekannt.

ERSCHEINUNGSBILD
Das Splintholz ist weiß, und das Kernholz variiert von gelblich- bis rötlichbraun. Geradwüchsig gefasert bei gefladerter Textur.

EIGENSCHAFTEN
Darrdichte liegt bei 310–470 kg/m³. Trocknet relativ schnell und gut bei außergewöhnlich geringer Schwindung. Arbeitet praktisch nicht, hat aber nur niedrige Werte in den Festigkeitskategorien und ist nicht zum Dampfbiegen geeignet.

VERARBEITUNG
Läßt sich sehr leicht von Hand und maschinell bearbeiten.

HOLZSCHUTZ
Ist anfällig für Befall durch den gewöhnlichen Nagekäfer. Das Kernholz ist nicht alterungsbeständig und resistent gegen Holzschutzbehandlung, aber das Splintholz ist permeabel.

VERWENDUNG
Als Spezialholz ist Strobe für die Anfertigung von Ingenieurs- und Architekturmodellen, Zeichenbrettern sowie für Teile von Musikinstrumenten geeignet. Wird als Ausstattungsholz für Gehäuse und Möbel verwendet sowie im Innenbau für Türen und Türzargen. Beliebt für Bildhauerei und Schnitzerei sowie zum Drechseln. Wird ferner zur Papierherstellung herangezogen.

PINUS SYLVESTRIS Familie: PINACEAE

Kiefer

4
4
6
3
5
5
W

VORKOMMEN
Wächst in Mittel-, Nord- und Osteuropa bis hinauf in den Westen Sibiriens und in Nordamerika.

ERSCHEINUNGSBILD
Der asthaltige Stamm besitzt ein leicht harziges Kernholz von rotbrauner Farbe, das sich vom blasseren Splintholz abhebt. Die Textur variiert, abhängig vom Standort, von fein bis grob.

EIGENSCHAFTEN
Darrdichte liegt bei 490 kg/m³. Holz trocknet gut mit der Tendenz zur Splintholzverfärbung. Arbeitet moderat und verfügt über geringe Tragfähigkeit und Schlagfestigkeit, geringe bis mittlere Biege- und Druckfestigkeit und sehr schlechte Dampfbiegeeigenschaften.

VERARBEITUNG
Läßt sich leicht von Hand und maschinell bearbeiten. Hat guten Nagel- und Schraubenhalt und bietet zahlreiche Möglichkeiten zur Oberflächenbehandlung.

HOLZSCHUTZ
Ist anfällig für Befall durch den gewöhnlichen Nagekäfer, nicht alterungsbeständig und moderat resistent gegen Holzschutzbehandlung. Das Splintholz ist jedoch permeabel.

VERWENDUNG
Beste Qualitäten werden als Ausstattungsholz für Möbel sowie im Innen- und Außenbau verwendet. Mindere Qualitäten eignen sich als Konstruktionsholz sowie für Telefonmasten, Rammpfähle und Grubenstempel. Beliebt zum Drechseln. Wird auch zu Span- und Furnierholz verarbeitet.

PIRATINERA GUIANENSIS Familie: MORACEAE

Schlangenholz

9
8
10
9
10
9
H

VORKOMMEN
Zahlreiche Spezies der *Piratinera* wachsen in der Mitte der tropischen Region Südamerikas, von der Amazonasregion Brasiliens über Guyana, Venezuela, Kolumbien, Panama, Südmexiko bis zu den Westindischen Inseln. Kommerziell genutztes Schnittholz stammt aus Guyana, Französisch Guyana und Surinam, wobei kleinere Quantitäten auch aus Brasilien, Bolivien und Trinidad kommen. Das Holz ist auch als Letternholz bekannt.

ERSCHEINUNGSBILD
Ist eines der teuersten Hölzer der Welt und bezieht seinen Namen von dem roten bis rotbraunen Schlangenhautmuster. Besitzt einen unregelmäßigen Faserwuchs, aber die Textur ist mittelfein.

EIGENSCHAFTEN
Darrdichte liegt bei 500 kg/m³. Im getrockneten Zustand sehr hart. Schwierig zu trocknen bei mäßiger Schwindung. Arbeitet moderat und ist in allen Kategorien stark, aber nicht zum Dampfbiegen geeignet.

VERARBEITUNG
Sehr schwierig zu bearbeiten. Werkzeuge stumpfen stark ab. Beim Kleben und bei der Oberflächenbehandlung ist Sorgfalt angebracht.

HOLZSCHUTZ
Sehr alterungsbeständig und resistent gegen Insektenbefall. Extrem resistent gegen Holzschutzbehandlung.

VERWENDUNG
Hervorragendes Spezialholz für Drechslerwaren, Trommelstöcke, Angelruten, Geigenbögen und Griffe. Wird traditionell für Jagdbögen der Eingeborenen verwendet. Wird zu Furnierholz verarbeitet.

6 · 4 · 5 · 5 · 6 · 6 · H

PLATANUS HYBRIDA Familie: PLATANACEAE

Platane

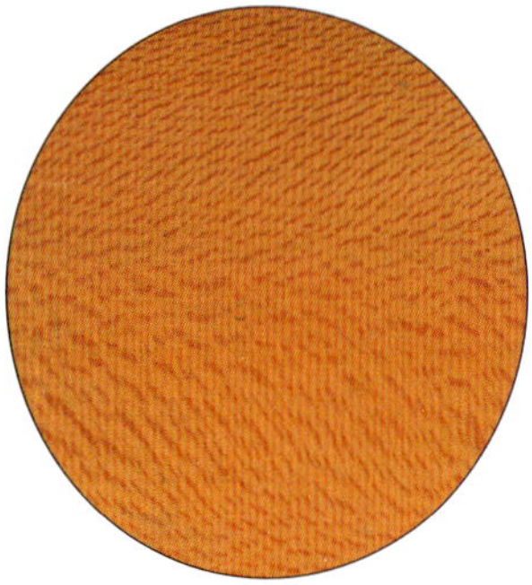

VORKOMMEN
Kommt in ganz Europa vor. Die verwandte *P. orientalis* ist die in Südosteuropa wachsende Morgenländische Platane. *P. occidentalis* ist die Amerikanische Platane, die auch Sykamore heißt.

ERSCHEINUNGSBILD
Das Splintholz hebt sich nicht klar vom Kernholz ab, das sich auf radial geschnittenen Flächen hellrötlichbraun mit dunkleren, breiten Strahlen zeigt. Es ist geradfaserig mit feiner bis mittelfeiner Textur.

EIGENSCHAFTEN
Darrdichte liegt im Durchschnitt bei 580 kg/m³. Holz trocknet an der Luft relativ schnell, neigt aber zum Reißen und Werfen. Das Holz arbeitet kaum und verfügt über eine mittlere Festigkeit in allen Kategorien, bis auf die geringe Tragfähigkeit, die ihm zu guten Dampfbiegeeigenschaften verhilft.

VERARBEITUNG
Läßt sich gut von Hand und maschinell bearbeiten und stumpft das Werkzeug nur moderat ab. Zum Hobeln sind scharfe Messer erforderlich. Beim Sägen kann das Sägeblatt leicht festklemmen.

HOLZSCHUTZ
Das Splintholz ist anfällig für Befall durch den gewöhnlichen Nagekäfer. Das Kernholz ist leicht verderblich, aber permeabel für Holzschutzbehandlung.

VERWENDUNG
Wird zu hochwertigen Gehäusen und Möbeln, im Innenbau zu Türblättern und Paneelen sowie in der Tischlerei verarbeitet. Kommt auch als Furnierholz zum Einsatz.

4 · 4 · 6 · 3 · 6 · 5 · W

PODOCARPUS SPP. Familie: PODOCARPACEAE

Podo/Mañio

VORKOMMEN
Zahlreiche Spezies wachsen hauptsächlich in Südamerika, Ostafrika und Asien.

ERSCHEINUNGSBILD
Es besteht kaum eine Unterscheidung zwischen dem Splint- und dem hellgelbbraunen Kernholz. Es ist geradfaserig mit einer gleichmäßigen Textur.

EIGENSCHAFTEN
Darrdichte liegt bei 450–560 kg/m³. Trocknet relativ schnell mit ausgeprägter Neigung zum Werfen. Arbeitet moderat und verfügt über mittlere Biege- und Druckfestigkeit, sehr geringe Tragfähigkeit, geringe Schlagfestigkeit und moderate Dampfbiegeeigenschaften.

VERARBEITUNG
Läßt sich leicht von Hand und maschinell bearbeiten, ist aber spröde. Muß zum Nageln vorgebohrt werden, bietet aber guten Schrauben- und zufriedenstellenden Klebehalt. Läßt sich nicht gleichförmig einfärben.

HOLZSCHUTZ
Ist anfällig für Insektenbefall und nicht alterungsbeständig. Ist für Holzschutzbehandlung permeabel.

VERWENDUNG
Wird dort verwendet, wo Alterungsbeständigkeit keine Rolle spielt: für Tischlerei und im Innenbau im Baugewerbe, für Gerüstplanken und -bretter, Zierleisten, Bodenbeläge und Rahmen, Küchenmöbel und Profilleisten. Wird auch für die Drechselei verwendet sowie als Verschalungen im Bootsbau. Ergibt gutes Spanholz und wird zu Furnierholz verarbeitet. In Europa nur unregelmäßig und in geringen Mengen erhältlich.

PODOCARPUS TOTARA Familie: PODOCARPACEAE

Totara

VORKOMMEN
Wächst nur in Neuseeland.

ERSCHEINUNGSBILD
Ein geradfaseriges Holz von mittlerer rotbrauner Färbung mit relativ feiner, gleichmäßiger Textur. Die Wachstumsringe sind nicht klar erkennbar.

EIGENSCHAFTEN
Darrdichte liegt bei 480 kg/m³. Holz trocknet relativ schnell mit geringer Schwindung. Arbeitet kaum und verfügt über geringe Biege- und Schlagfestigkeit. Aufgrund der mittleren Tragfähigkeit mehr für Längs- als für Querbalken geeignet.

VERARBEITUNG
Läßt sich leicht von Hand und maschinell bearbeiten. *P. totara* und *P. hallii* bieten guten Schrauben- und Nagelhalt, müssen aber sorgfältig verklebt werden. Der hohe Harzgehalt macht vor dem Anstrich eine spezielle Behandlung notwendig.

HOLZSCHUTZ
Besitzt eine natürliche Alterungsbeständigkeit. Ist resistent gegen Zerfall, aber anfällig für den gewöhnlichen Nagekäfer. Das Kernholz ist resistent gegen Holzschutzbehandlung, aber das Splintholz ist permeabel.

VERWENDUNG
In Neuseeland ein wichtiges Holz für Dock-, Werft- und Hafenbauten, da es als einziges Weichholz resistent gegen Meeresschädlinge ist. Wird auch im Schiffs- sowie Innen- und Außenbau verwendet. Ist das traditionelle Holz der Maoris für Schnitzereien und Kanus.

2
2
4
4
4
6
W

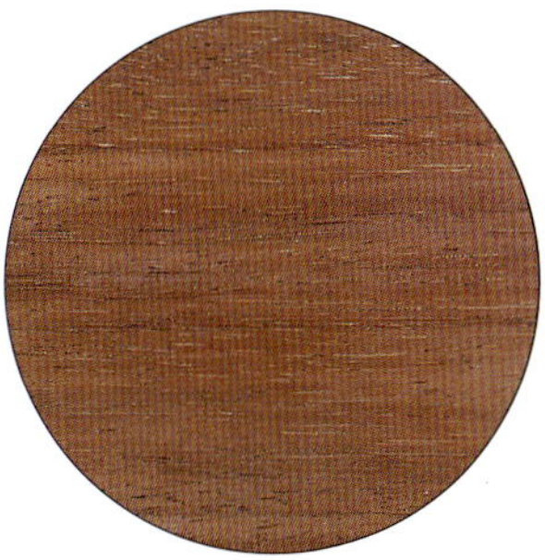

POMETIA PINNATA Familie: SAPINDACEAE

Kasai

VORKOMMEN
Wächst im gesamten Südpazifik und ist auch unter den Bezeichnungen Taun, Awa, Ako, Malagai und Agupanga bekannt.

ERSCHEINUNGSBILD
Das roséfarbene Splintholz hebt sich nicht vom Kernholz ab, dessen blasse rosébraune Färbung zu einem stumpfen Rotbraun reift. Für gewöhnlich geradfaserig, manchmal auch wechseldrehwüchsig oder wellig.

EIGENSCHAFTEN
Darrdichte liegt im Durchschnitt bei 670–730 kg/m³. Holz muß sorgfältig getrocknet werden, um Rißbildung und Werfen zu verhindern. Zeigt mittlere Bewegung im Gebrauch und verfügt über hohe Biege- und Druckfestigkeit, mittlere Tragfähigkeit und Schlagfestigkeit sowie gute Dampfbiegeeigenschaften.

VERARBEITUNG
Läßt sich gut von Hand und maschinell bearbeiten und stumpft Werkzeuge nur moderat ab. Bietet guten Schrauben-, Nagel- und Klebehalt. Nimmt Beizen und Polituren gut an.

HOLZSCHUTZ
Moderat alterungsbeständig und resistent gegen Holzschutzbehandlung.

VERWENDUNG
Wird auf den Philippinen als Bauholz verwendet und für den Außenbau in Gestalt von Tür- und Fensterrahmen, Bootsplanken und -spanten, Werftanlagen, Masten und Spieren. Wird in Australien als Ausstattungsholz für Möbel und Gehäuse, Klaviere, Garnrollen, Stiele sowie Schnitzwerk genutzt. Wird außerdem zu Span- und Furnierholz verarbeitet.

6
6
8
8
8
8
H

2 4 4 4 4 6 H

POPULUS TREMOLOIDES Familie: SALICACEAE

Amerikanische Aspe

VORKOMMEN
Einer der am weitesten verbreiteten Bäume Nordamerikas.

ERSCHEINUNGSBILD
Das Splintholz hebt sich nicht vom Kernholz mit seiner rahmweißen bis sehr blassen hellbraunen Färbung ab. Ist meist geradfaserig, manchmal aber auch wellig. Die Textur ist fein und gleichmäßig.

EIGENSCHAFTEN
Darrdichte liegt im Durchschnitt bei 450 kg/m^3. Holz trocknet leicht, neigt aber zum Werfen, wenn es nicht sorgfältig gestapelt wird. Arbeitet wenig und verfügt über niedrige Biege- und Druckfestigkeit, geringe Tragfähigkeit, mittlere Schlagfestigkeit und schlechte Dampfbiegeeigenschaften.

VERARBEITUNG
Läßt sich leicht von Hand und maschinell bearbeiten, neigt aber beim Sägen zum Ausreißen. Sägeblätter klemmen leicht ein, daher sind scharfe Werkzeuge wichtig. Bietet guten Nagel-, Schrauben- und Klebehalt. Beizen bilden auf unregelmäßiger Oberfläche Flecken.

HOLZSCHUTZ
Nicht alterungsbeständig und resistent gegen Holzschutzbehandlung.

VERWENDUNG
Findet sehr vielfältige Anwendung, z. B. für Möbelteile, Karosserien, Ladeflächen für LKW, Lebensmittelbehälter, Obstkörbe und Verpackungsmaterial.

2 2 4 4 4 5 H

POPULUS SPP. Familie: SALICACEAE

Pappel

VORKOMMEN
Weitverbreitet in Mittel- und Südeuropa.

ERSCHEINUNGSBILD
Das nicht klar vom Splintholz zu unterscheidende Kernholz variiert in der Färbung von Rahmweiß bis sehr strohfarben und ist bei einigen Spezies blaß- oder rosébraun. Ist für gewöhnlich geradfaserig und besitzt eine feine, gleichmäßige Textur.

EIGENSCHAFTEN
Darrdichte liegt bei 410 kg/m^3. Trocknet relativ schnell mit geringer Schwindung. Arbeitet moderat und verfügt über niedrige Biegefestigkeit, sehr geringe Steifigkeit und Schlagfestigkeit, mittlere Druckfestigkeit und schlechte Dampfbiegeeigenschaften.

VERARBEITUNG
Läßt sich leicht von Hand und maschinell bearbeiten, erfordert aber sehr scharfe Werkzeuge. Bietet guten Schrauben- und Nagelhalt. Gebeizte Oberflächen können fleckig werden.

HOLZSCHUTZ
Die Stämme sind anfällig für Befall durch holzfressende Raupen (Cossidae). Das Splintholz, das den größten Teil des Baumes darstellt, ist leicht verderblich, aber permeabel für Holzschutzbehandlung.

VERWENDUNG
Wird im Innenbau sowie als Ausstattungsholz für Möbel, Rahmen und Drechslerwaren verwendet. Die Stämme werden zu Span-, Laminat- und Furnierholz verarbeitet.

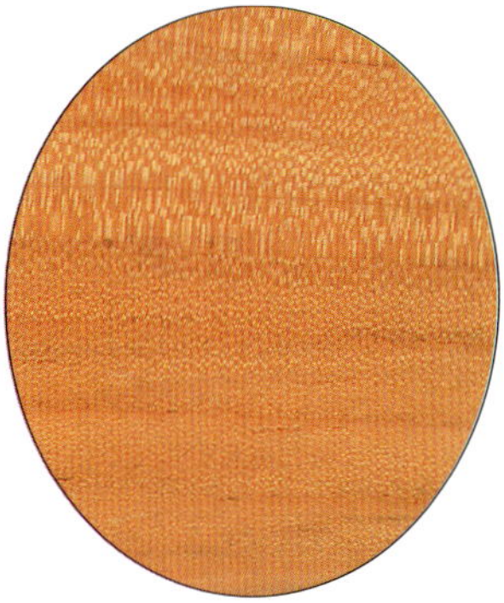

PRUNUS SPP. Familie: *ROSACEAE*

Kirschbaum

6 4 6 6 5 7 H

VORKOMMEN
Die amerikanische Spätkirsche wächst in Nordamerika von Ontario bis Florida und von Dakota bis Texas. Die europäischen Spezies sind als Wildkirsche bekannt.

ERSCHEINUNGSBILD
Das gelblichweiße Splintholz der europäischen *Cerasus avium* hebt sich deutlich vom blaßrosébraunen Kernholz ab, das zu Rotbraun reift. Die nordamerikanische *Prunus serotina* zeigt ein dunkleres Rotbraun. Beide Hölzer sind geradfaserig mit feiner Textur.

EIGENSCHAFTEN
Die Darrdichte beider Hölzer liegt bei 550 kg/m^3. Beide trocknen relativ schnell mit der Tendenz zum Werfen. Arbeiten moderat und verfügen über mittlere Biege-, Druck- und Schlagfestigkeit, geringe Tragfähigkeit und gute Dampfbiegeeigenschaften.

VERARBEITUNG
Lassen sich gut von Hand und maschinell bearbeiten und stumpfen das Werkzeug nur moderat ab. Querfaserige Abschnitte neigen beim Hobeln zum Ausreißen. Bieten guten Nagel- und Schraubenhalt und nehmen Oberflächenbehandlungen gut an.

HOLZSCHUTZ
Moderat alterungsbeständig. Das Splintholz ist anfällig für den gewöhnlichen Nagekäfer, aber fast immun gegen den Splintholzkäfer. Kernholz ist resistent gegen Holzschutzbehandlung.

VERWENDUNG
Wird für Möbel und Gehäuse sowie in der Schnitzerei und Bildhauerei und u.a. für Teile von Musikinstrumenten verwendet.

PSEUDOTSUGA MENZIESII Familie: *PINACEAE*

Douglasie

6 8 5 4 7 6 W

VORKOMMEN
Der auch Douglastanne genannte Baum ist keine echte Fichte. Kommt ursprünglich aus dem westlichen Nordamerika. Wurde 1879 in Deutschland kultiviert und wächst seitdem in großen Beständen.

ERSCHEINUNGSBILD
Das gelblichweiße Splintholz hebt sich vom hellrötlichbraunen Kernholz ab. Deutlich erkennbare Wachstumsringzeichnung. Überwiegend geradfaserig mit mittelfeiner und gleichmäßiger Textur.

EIGENSCHAFTEN
Darrdichte liegt bei 470 kg/m^3. Holz trocknet relativ schnell und gut, wobei Punktäste zum Reißen und Lockern neigen. Arbeitet kaum und verfügt über hohe Biegefestigkeit, Tragfähigkeit und Druckfestigkeit, mittlere Schlagfestigkeit und relativ schlechte Dampfbiegeeigenschaften.

VERARBEITUNG
Läßt sich gut von Hand und maschinell bearbeiten. Werkzeuge stumpfen nur mäßig ab, sollten aber dennoch scharf gehalten werden.

HOLZSCHUTZ
Anfällig für Käferbefall, moderat alterungsbeständig und resistent gegen Holzschutzbehandlung.

VERWENDUNG
Wird überwiegend zu Span- und Furnierholz verarbeitet. Ferner als Konstruktionsholz für schwere Belastungen sowie für den Innen- und Außenbau, Dock- und Hafenanlagen und Bahnschwellen geeignet.

4 2 6 8 6 8 H

PTEROCARPUS ANGOLENSIS Familie: FABACEAE

Muninga

VORKOMMEN
Wächst in den Savannenwäldern Tansanias, Sambias, Angolas, Moçambiques, Simbabwes und Südafrikas.

ERSCHEINUNGSBILD
Das graubraune Splintholz hebt sich stark vom Kernholz ab, das zu einem tiefen Goldbraun mit dunklerer Zeichnung reift. Die Faser ist meist gerade, aber manchmal auch unregelmäßig wechseldrehwüchsig, wodurch eine attraktive Zeichnung entsteht. Die Textur ist relativ grob und ungleichmäßig.

EIGENSCHAFTEN
Darrdichte liegt im Durchschnitt bei 600 kg/m³, wobei das Material aus Simbabwe leichter ist. Trocknet langsam aber gut und nur mit geringer Neigung zum Reißen. Arbeitet nicht und verfügt über mittlere Biegefestigkeit, sehr geringe Tragfähigkeit, niedrige Schlagfestigkeit, hohe Druckfestigkeit und sehr gute Dampfbiegeeigenschaften.

VERARBEITUNG
Läßt sich leicht von Hand und maschinell bearbeiten, aber die unregelmäßigen Fasern neigen beim Hobeln zum Aufrichten. Zum Nageln und Schrauben vorbohren.

HOLZSCHUTZ
Das Splintholz ist anfällig für den Splintholzkäfer. Das Kernholz ist alterungsbeständig und resistent gegen Holzschutzbehandlung.

VERWENDUNG
Gut zum Drechseln sowie für Schnitzerei und Bildhauerei, hochwertige Tischlerei und als Ausstattungsholz für Möbel, Gehäuse und Paneele geeignet. Ergibt auch exzellente Bodenbeläge und wird zu Furnierholz verarbeitet.

6 6 8 7 8 9 H

PTEROCARPUS SOYAUXII Familie: FABACEAE

Afrikanisches Padouk

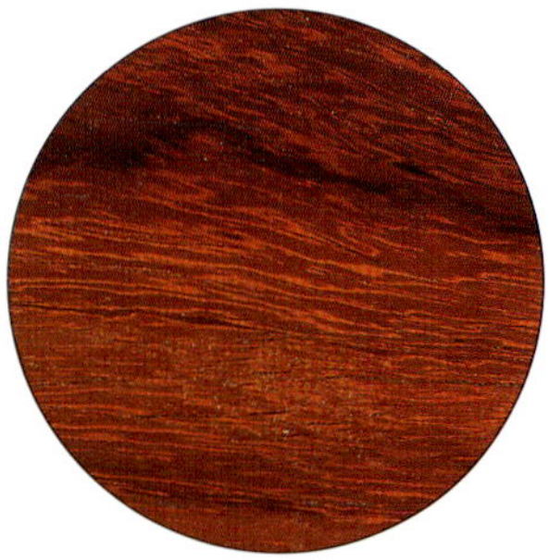

VORKOMMEN
Wächst in Zentral- und im tropischen Westafrika.

ERSCHEINUNGSBILD
Frisch geschnitten zeigt das Kernholz eine sehr charakteristische, lebhaft blutrote Färbung, die zu dunklem Violettbraun mit roten Streifen reift. Es hebt sich dadurch stark vom strohfarbenen Splintholz ab. Die Faser ist gerade bis wechseldrehwüchsig und die Textur mittel- bis sehr grob.

EIGENSCHAFTEN
Darrdichte liegt durchschnittlich bei 650 kg/m³. Holz trocknet sehr gut mit geringer Schwindung. Arbeitet praktisch nicht und verfügt über hohe Biege- und Druckfestigkeit sowie mittlere Tragfähigkeit und Schlagfestigkeit. Nicht zum Dampfbiegen geeignet.

VERARBEITUNG
Läßt sich gut von Hand und maschinell bearbeiten und stumpft das Werkzeug nur schwach ab. Bietet guten Schrauben-, Nagel- und Klebehalt und nimmt Oberflächenbehandlung gut an.

HOLZSCHUTZ
Das Holz ist sehr alterungsbeständig und bekannt für seine Langlebigkeit. Moderat resistent gegen Holzschutzbehandlung.

VERWENDUNG
Bekannt als Farbholz. Wird für hochwertige Gehäuse, Möbel und im Innenbau verwendet. Eignet sich hervorragend für Drechslerwaren, Schnitzerei und Bildhauerei. Wird als Spezialholz für Elektroinstallationen und Wasserwaagen eingesetzt. In Europa nur in geringen Mengen erhältlich.

PTEROCARPUS INDICUS Familie: FABACEAE

Manial-Padouk

VORKOMMEN
Wächst in ganz Süd- und Südostasien. Großflächig auf den Philippinen, hauptsächlich in den Provinzen Cagayan, Mindoro, Palawan und Cotabato zu finden.

ERSCHEINUNGSBILD
Das strohfarbene Splintholz hebt sich stark vom wertvollen Kernholz ab, dessen Farbe von Goldgelb bis Ziegelrot variiert. Es zeigt eine ganze Reihe attraktiver Zeichnungen, und die Textur ist mittelfein bei welliger oder wechseldrehwüchsiger Faser.

EIGENSCHAFTEN
Darrdichte liegt im Durchschnitt bei 650 kg/m^3, aber das dunklere Holz ist schwerer. Trocknet langsam aber gut, wobei das rote Holz größere Sorgfalt erfordert als das gelbe. Arbeitet nicht und verfügt über mittlere Festigkeit in allen Kategorien.

VERARBEITUNG
Geradfaseriges Holz läßt sich gut von Hand und maschinell bearbeiten. Unregelmäßiger Faserwuchs erfordert beim Sägen einen reduzierten Anstellwinkel. Schrauben-, Nagel- und Klebehalt sind gut.

HOLZSCHUTZ
Ist resistent gegen Pilz- und Insektenbefall sowie gegen Holzschutzbehandlung.

VERWENDUNG
Wird in den Herkunftsländern für Gehäuse, Möbel, Tischlerei, Bildhauerei, Schnitzerei, Transportbehältnisse und Teile von Musikinstrumenten verwendet. In Europa nur in geringen Mengen und unregelmäßig erhältlich.

PYRUS COMMUNIS Familie: ROSACEAE

Birnbaum

VORKOMMEN
Die Birne stammt ursprünglich aus Südeuropa und Westasien. Kommerzielles Schnittholz kommt aus Italien, der Schweiz, Frankreich, Deutschland und Österreich.

ERSCHEINUNGSBILD
Das Splintholz ist aprikosenfarben und das Kernholz variiert von hautfarben bis Rosébraun. Die dekorative Faser ist meist gerade und fein texturiert.

EIGENSCHAFTEN
Darrdichte liegt bei 650–760 kg/m^3. Holz trocknet langsam mit der Tendenz zum Werfen, wenn unregelmäßiger Faserwuchs vorliegt. Das Holz arbeitet nicht und ist sehr tragfähig. Nicht zum Dampfbiegen geeignet.

VERARBEITUNG
Läßt sich maschinell gut bearbeiten, ist aber schwer zu sägen. Werkzeuge stumpfen stark ab. Bietet guten Klebehalt und nimmt Beizen und Polituren hervorragend an.

HOLZSCHUTZ
Nicht sehr langlebig, aber permeabel für Holzschutzbehandlung.

VERWENDUNG
Ein exzellentes Drechselholz, das für kleine Kunstgegenstände, Holzschalen, Besenstiele und -rücken sowie für Zeichenwerkzeuge verwendet wird. Eignet sich auch hervorragend für Bildhauerei und Schnitzerei sowie für Musikinstrumente. Wird auch zu Furnierholz verarbeitet.

6
6
8
8
6
8
H

QUERCUS SPP. Familie: FAGACEAE

Roteiche

VORKOMMEN
Wächst im Osten Kanadas und in geringerem Ausmaß auch im Norden der USA. Seit über 200 Jahren auch in Mittel- und Südeuropa eingebürgert.

ERSCHEINUNGSBILD
Ähnelt äußerlich der Weißeiche, aber das Kernholz variiert von Hellbraunrosé bis Rötlichbraun. Das Splintholz ist hell- bis rötlichgrau. Meist gerader Faserverlauf.

EIGENSCHAFTEN
Darrdichte liegt im Durchschnitt bei 670 kg/m^3. Trocknet langsam und erfordert bei Luft- und Kammertrocknung viel Sorgfalt, um Schwindung zu vermeiden. Arbeitet moderat und verfügt über mittlere Biegefestigkeit und Tragfähigkeit, hohe Schlag- und Druckfestigkeit und sehr gute Dampfbiegeeigenschaften.

VERARBEITUNG
Stumpft Werkzeuge moderat ab, die deshalb scharf gehalten werden sollten. Muß zum Nageln und Schrauben vorgebohrt werden und bietet wechselhaften Klebehalt. Nimmt Beizen und Polituren gut an.

HOLZSCHUTZ
Ist nicht alterungsbeständig und moderat resistent gegen Holzschutzbehandlung.

VERWENDUNG
Eingeschränkte Verwendung im Außenbau durch Kurzlebigkeit und Trocknungsprobleme. Geeignet im Innenbau, als Bodenbelag sowie für Möbel. Wird zu Span- und Furnierholz verarbeitet.

4
4
8
8
6
8
H

QUERCUS ALBA Familie: FAGACEAE

Amerikanische Weißeiche

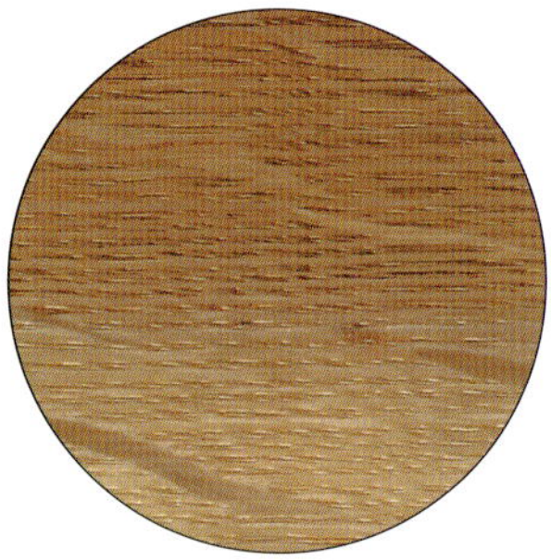

VORKOMMEN
Mehr als 200 verschiedene Spezies sind in der Gattung *Quercus* zu finden. *Q. alba* wächst hauptsächlich in den östlichen USA sowie in Kanada.

ERSCHEINUNGSBILD
Das weißliche Splintholz hebt sich vom gelb- bis mittelbraunen Kernholz ab. Der Faserwuchs ist oftmals unregelmäßig oder querwüchsig. Die Textur ist mittelgrob.

EIGENSCHAFTEN
Darrdichte liegt bei 680–780 kg/m^3, wobei einige Spezies, darunter besonders die japanischen, leichter sind. Holz trocknet an der Luft sehr langsam mit der Tendenz zum Spalten und Reißen. Verfügt über hohe Druckfestigkeit, geringe Tragfähigkeit und Schlagfestigkeit sowie sehr gute Dampfbiegeeigenschaften.

VERARBEITUNG
Holz verblaut in feuchter Umgebung durch Metallkorrosion. Läßt sich maschinell gut verarbeiten und nimmt Oberflächenbehandlung sehr gut an. Wegen seiner Grobfaserigkeit schwer zu hobeln.

HOLZSCHUTZ
Das Holz ist alterungsbeständig, aber anfällig für Käferbefall. Holz ist extrem resistent gegen Holzschutzbehandlung, auch wenn das Splintholz permeabel ist.

VERWENDUNG
Besonders beliebt als Ausstattungsholz für Möbel sowie im Innen- und Außenbau für strapazierfähige Bodenbeläge, Dock- und Hafenanlagen und im Schiffsbau. Eignet sich für Bildhauerei und Schnitzerei, zum Drechseln und in der Küferei für Whiskey-, Sherry- und Branntweinfässer. Wird ferner zu Furnierholz verarbeitet.

SALIX SPP. Familie: SALICACEAE

Weide

VORKOMMEN

Kommerziell genutzte Spezies stammen aus Europa, Westasien, Nordafrika und den USA. *S. alba* ist die Silberweide, *S. nigra* ist die in Amerika heimische Schwarzweide.

ERSCHEINUNGSBILD

S. alba besitzt weißes Splintholz und rahmweißes Kernholz mit roséfarbener Tönung. Ist geradfaserig mit feiner, gleichmäßiger Textur.

EIGENSCHAFTEN

Darrdichte liegt im Durchschnitt bei 350 kg/m^3. Trocknet relativ schnell und gut mit geringer Schwindung. Arbeitet nicht und verfügt über niedrige Biege- und Druckfestigkeit, sehr geringe Tragfähigkeit und Schlagfestigkeit und schlechte Dampfbiegeeigenschaften.

VERARBEITUNG

Läßt sich leicht von Hand und maschinell bearbeiten und stumpft das Werkzeug nur schwach ab. Werkzeuge sollten dennoch scharf gehalten werden. Bietet guten Nagel- und Klebehalt und nimmt Oberflächenbehandlung gut an.

HOLZSCHUTZ

Ist leicht verderblich und anfällig für den Splintholz- und den gewöhnlichen Nagekäfer. Resistent gegen Holzschutzbehandlung. Das Splintholz ist permeabel.

VERWENDUNG

Wird überwiegend als Spezialholz für Sportgeräte, Prothesen, Bodenbeläge, Spielzeug, Schachteln und Kisten sowie in der Schuhindustrie verwendet. Wird als Furnierholz verarbeitet und zur Sperrholzherstellung herangezogen.

4 2 4 3 4 4 H

SCOTTELLIA SPP. Familie: FLACOURTIACEAE

Odoko

VORKOMMEN

Es existieren mehrere Spezies in Westafrika.

ERSCHEINUNGSBILD

Das Splintholz hebt sich nicht deutlich vom Kernholz ab, dessen blaßgelbe bis beigefarbene Tönung von dunkleren Bereichen durchsetzt ist. Die Faser ist für gewöhnlich gerade, manchmal auch wechseldrehwüchsig mit attraktiver Zeichnung. Die Textur ist fein, gleichmäßig und glänzend.

EIGENSCHAFTEN

Darrdichte liegt im Durchschnitt bei 620 kg/m^3. Trocknet an der Luft relativ schnell mit der Tendenz zu Rißbildung und Spaltung. Neigt zur Verfärbung. Arbeitet moderat und verfügt über mittlere Biegefestigkeit, Tragfähigkeit und Schlagfestigkeit, hohe Druckfestigkeit und schlechte Dampfbiegeeigenschaften.

VERARBEITUNG

Ist recht einfach von Hand und maschinell zu bearbeiten und stumpft das Werkzeug nur wenig ab. Unregelmäßigkeiten führen auf radial geschnittenen Flächen zur Zerspanung. Muß zum Nageln vorgebohrt werden, bietet aber guten Klebehalt.

HOLZSCHUTZ

Nicht alterungsbeständig und neigt zur Verfärbung durch Pilzbefall. Permeabel für Holzschutzbehandlung.

VERWENDUNG

Wird für Haushaltsgegenstände, Möbel, im Innen- und Außenbau sowie für Schnitzerei, Drechslerwaren, Besenrücken und Schuhabsätze verwendet. Ergibt dekorative und belastbare Bodenbeläge. Wird auch zu Span- und Furnierholz verarbeitet.

5 6 6 7 5 8 H

3 3 4 3 4 4 W

SEQUOIA SEMPERVIRENS Familie: TAXODIACEAE

Sequoia/Redwood

VORKOMMEN
S. sempervirens ist die im südlichen Oregon und im nördlichen Kalifornien vorkommende Sequoia, die eine Höhe von bis zu über 100 m bei einem Durchmesser von 3–4,5 m erreicht. Verwandt mit dem „großen Baum" Kaliforniens, der *S. gigantea*, eine geschützte Spezies, deren Dimensionen ihresgleichen sucht.

ERSCHEINUNGSBILD
Das Splintholz ist weiß und das Kernholz zeigt ein stumpfes Rotbraun mit deutlichen Wachstumsringen. Es ist geradfaserig und die Textur variiert von fein bis grob.

EIGENSCHAFTEN
Darrdichte liegt im Durchschnitt bei 400 kg/m^3. Trocknet relativ schnell mit geringer Schwindung. Verfügt über geringe Biege-, Schlag- und Druckfestigkeit, sehr geringe Tragfähigkeit und schlechte Dampfbiegeeigenschaften.

VERARBEITUNG
Läßt sich leicht von Hand und maschinell bearbeiten. Scharfe Werkzeuge sind wichtig. Bietet guten Nagelhalt und nimmt Oberflächenbehandlung gut an.

HOLZSCHUTZ
Sehr alterungsbeständig und resistent gegen Holzschutzbehandlung.

VERWENDUNG
Im Gegensatz zur geschützten *S. gigantea* gilt *S. sempervirens* als eines der besten Nutzhölzer weltweit. Ideal geeignet als Ausstattungsholz für Möbel, im Innen- und Außenbau sowie für Bodenbeläge. Wird im Wasserbau genutzt und als Spezialholz z.B. für Orgelpfeifen. Wird zu Furnierholz verarbeitet.

4 4 7 6 6 6 H

SHOREA SPP. Familie: DIPTEROCARPACEAE

Rotes Meranti

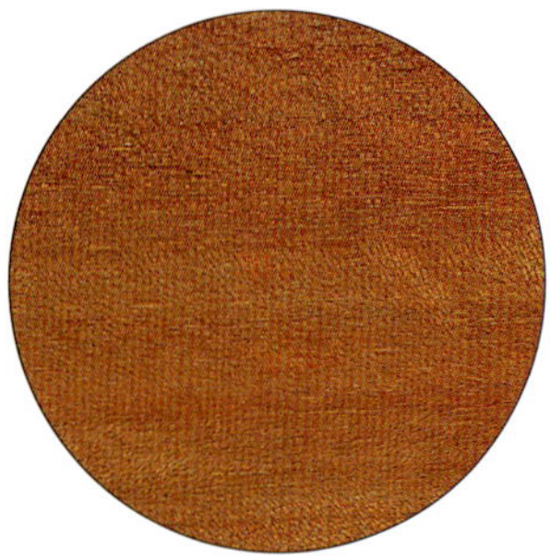

VORKOMMEN
Eine große Anzahl von Spezies wächst in Südostasien. Diese Hölzer werden eingestuft als hellrotes Meranti, hellrotes Seraya und weißes Lauan sowie als dunkelrotes Meranti, dunkelrotes Seraya und rotes Lauan.

ERSCHEINUNGSBILD
Die erste Gruppe ist blaßrosa gefärbt, während die zweite mittel- bis dunkelrotbraun mit weißen Harzstreifen ist. Beide Gruppen besitzen wechseldrehwüchsige Fasern und eine recht grobe Textur.

EIGENSCHAFTEN
Darrdichte der ersten Gruppe liegt bei 550 kg/m^3, bei der zweiten Gruppe bei 670 kg/m^3. Trocknet schnell und ohne starke Schwindung. Die hellere Gruppe ist wesentlich schwächer als die dunklere. Beide Gruppen arbeiten nicht und verfügen über mittlere Biege- und Druckfestigkeit, geringe Tragfähigkeit und Schlagfestigkeit und schlechte Dampfbiegeeigenschaften.

VERARBEITUNG
Hölzer lassen sich gut von Hand und maschinell bearbeiten, bieten guten Schrauben- und Nagelhalt und können geklebt werden.

HOLZSCHUTZ
Die helle Gruppe ist nicht alterungsbeständig. Die dunkle Gruppe ist moderat alterungsbeständig und resistent gegen Holzschutzbehandlung.

VERWENDUNG
Während die erste Gruppe für den Innenbau und als leichtes Konstruktionsholz Verwendung findet, wird die zweite Gruppe darüber hinaus auch noch im Außenbau eingesetzt. In Europa nur unregelmäßig in geringen Mengen erhältlich.

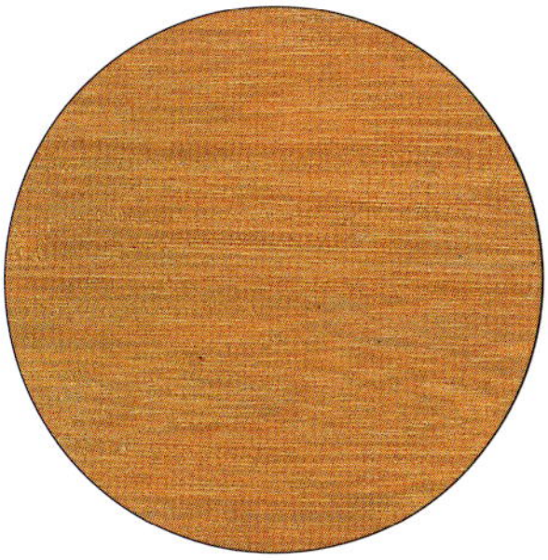

SHOREA SPP. Familie: DIPTEROCARPACEAE

Weißes und Gelbes Meranti

4 · 2 · 7 · 6 · 4 · 6 · H

VORKOMMEN
Die Bezeichnung Meranti gilt für Hölzer aus Malaysia, Sarawak und Indonesien. Holz aus Sabah wird Seraya genannt.

ERSCHEINUNGSBILD
Das Splintholz des Weißen Meranti ist gelblichweiß, während das Kernholz zu einem hellen Goldbraun heranreift. Die Textur ist mittelgrob. Das Splintholz des Gelben Meranti ist heller und unterscheidet sich kaum vom gelblichen Kernholz. Diese Hölzer haben flach wechseldrehwüchsige Fasern und eine mittelgrobe Textur.

EIGENSCHAFTEN
Darrdichte von Weißem Meranti liegt bei 800 kg/m³, von Gelbem Meranti bei 530 kg/m³. Beide Hölzer trocknen gut, neigen aber zum Werfen. Weißes Meranti verfügt über mittlere Stärke in allen Kategorien und sehr schlechte Dampfbiegeeigenschaften. Gelbes Meranti verfügt über geringe Biege- und Schlagfestigkeit, mittlere Druckfestigkeit, sehr geringe Tragfähigkeit und moderate Dampfbiegeeigenschaften. Beide Hölzer arbeiten wenig.

VERARBEITUNG
Die im Weißen Meranti enthaltene Kieselerde stumpft Werkzeuge stark ab, während sich Gelbes Meranti gut bearbeiten läßt.

HOLZSCHUTZ
Beide Hölzer sind moderat alterungsbeständig mit permeablem Splintholz.

VERWENDUNG
Beide Hölzer werden für leichte Baukonstruktionen, im Innenbau sowie für Möbel und Bodenbeläge verwendet. In Europa nur unregelmäßig und in geringen Mengen erhältlich.

SWIETENIA SPP. Familie: MELIACEAE

Amerikanisches Mahagoni

2 · 2 · 6 · 7 · 4 · 6 · H

VORKOMMEN
Kommerzielles Schnittholz stammt aus dem Süden Mexikos, entlang der Atlantikküste von Belize bis Panama, aus Kolumbien und Venezuela, Peru, Bolivien und Brasilien.

ERSCHEINUNGSBILD
Das Splintholz ist gelblichweiß und das Kernholz variiert von Blaßrot bis Dunkelrotbraun bei schwererem Holz. Es ist meist geradfaserig mit einer mittelfeinen bis mittelgroben und gleichförmigen Textur.

EIGENSCHAFTEN
Darrdichte durchschnittlich 540 kg/m³. Kann schnell luft- oder kammergetrocknet werden, ohne zu werfen oder zu reißen. Arbeitet nicht und verfügt über geringe Biegefestigkeit, sehr geringe Tragfähigkeit und Schlagfestigkeit, mittlere Druckfestigkeit und moderate Dampfbiegeeigenschaften.

VERARBEITUNG
Hervorragend zur manuellen oder maschinellen Verarbeitung geeignet. Gut zu sägen, für das Nageln und Schrauben muß allerdings vorgebohrt werden. Guter Klebehalt und hervorragend für die Oberflächenbehandlung geeignet.

HOLZSCHUTZ
Anfällig für Schädlinge, alterungsbeständig und extrem resistent gegen Holzschutzbehandlung.

VERWENDUNG
Gehört zu den wertvollsten Hölzern und wird für hochwertige Gehäuse und Möbel, Paneele, im Innen- und Außenbau sowie für Bodenbeläge und im Schiffsbau verwendet. Wird auch zu Furnierholz verarbeitet. Im- und Export sind nach dem Washingtoner Artenschutzabkommen genehmigungspflichtig.

8 8 9 10 8 8 W

TAXUS BACCATA Familie: TAXACEAE

Eibe

VORKOMMEN
Wächst in West-, Mittel- und Südeuropa, Kleinasien und Nordafrika, fehlt aber in Nord- und Osteuropa.

ERSCHEINUNGSBILD
Das ausgesprochen attraktive Kernholz variiert von einem violettgestreiften Orangebraun bis Violettbraun mit dunkleren malvenfarbenen oder braunen Strahlen.

EIGENSCHAFTEN
Zählt mit einer Darrdichte von 670 kg/m^3 zu den schwersten Weichhölzern. Trocknet relativ schnell und gut bei geringer Schwindung und Verwerfung. Arbeitet wenig und verfügt über mittlere Biege- und Druckfestigkeit, relativ geringe Tragfähigkeit und Schlagfestigkeit. Geradfaseriges Holz ist hervorragend zum Dampfbiegen geeignet.

VERARBEITUNG
Läßt sich gut von Hand und maschinell bearbeiten, reißt aber bei unregelmäßigem Faserwuchs leicht aus. Muß zum Nageln vorgebohrt werden.

HOLZSCHUTZ
Alterungsbeständig, aber nicht resistent gegen Befall durch den gewöhnlichen Nagekäfer. Resistent gegen Holzschutzbehandlung.

VERWENDUNG
Im Mittelalter geschätztes Holz für Armbrüste und Bogen. Wird heute als Spezialholz für Meßwerkzeuge, Webschiffchen, Intarsien sowie zum Drechseln und Schnitzen genutzt, ferner im Innen- und Außenbau sowie als Furnierholz.

4 4 6 8 6 8 H

TECTONA GRANDIS Familie: VERBENACEAE

Teak

VORKOMMEN
Teakholz stammt aus Burma und wächst weitflächig in ganz Indien, Thailand, Indonesien und Java. Wurde kultiviert in Malaysia, Borneo, auf den Philippinen, im tropischen Afrika und in Zentralamerika.

ERSCHEINUNGSBILD
Besitzt dünnes gelbbraunes Splintholz und dunkles goldbraunes Kernholz, das an der Luft nachdunkelt. Java- und Plantagen-Teak ist meist heller als Burma-Teak. Meist gerader Faserverlauf bei grober und ungleichmäßiger Textur.

EIGENSCHAFTEN
Darrdichte liegt bei 440-720 kg/m^3 bei einem Durchschnitt von 630 kg/m^3. Trocknet recht langsam und arbeitet wenig. Verfügt über mittlere Biegefestigkeit, geringe Tragfähigkeit und Schlagfestigkeit, hohe Druckfestigkeit und moderate Dampfbiegeeigenschaften.

VERARBEITUNG
Läßt sich recht gut von Hand und maschinell bearbeiten und stumpft das Werkzeug moderat ab. Muß zum Nageln vorgebohrt werden, bietet guten Klebehalt und nimmt Oberflächenbehandlung gut an.

HOLZSCHUTZ
Ist sehr alterungsbeständig.

VERWENDUNG
Zu den vielfältigen Verwendungsmöglichkeiten zählen die Möbel- und Kunsttischlerei, Schiffsbau und Schiffsausstattungen sowie dekorative Bodenbeläge. Wird zu Span- und Furnierholz verarbeitet. Nach wie vor in Europa in großen Mengen erhältlich. Zur Zeit Exportverbot in Thailand.

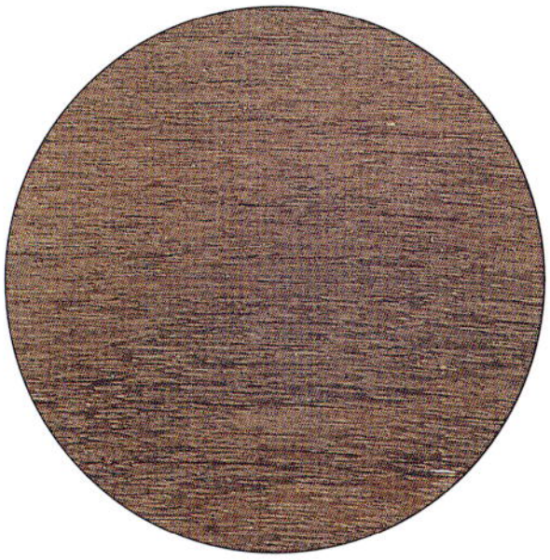

TERMINALIA SPP. Familie: COMBRETACEAE

Indischer Lorbeerbaum

6
6
10
10
6
9
H

VORKOMMEN
Wächst in Indien, Westpakistan, Bangladesch und Burma und ist kein echter Lorbeerbaum.

ERSCHEINUNGSBILD
Das Splintholz ist rötlichweiß und hebt sich vom Kernholz ab, das in der Färbung von Hellbraun mit geringer Zeichnung bis Dunkelbraun mit Streifen variiert.

EIGENSCHAFTEN
Darrdichte liegt im Durchschnitt bei etwa 840 kg/m^3. Trocknet schlecht und neigt zu Oberflächenrissen, Verwerfung und Aufspaltung. Arbeitet wenig und verfügt über moderate Tragfähigkeit, Biege- und Schlagfestigkeit, hohe Druckfestigkeit und schlechte Dampfbiegeeigenschaften.

VERARBEITUNG
Recht schwierig von Hand, maschinell aber deutlich besser zu bearbeiten. Schwierig zu nageln, bietet aber guten Schrauben- und Klebehalt. Muß vor einer Oberflächenbehandlung, die am besten mit Öl oder Wachs ausgeführt wird, verfüllt werden.

HOLZSCHUTZ
Das permeable Splintholz ist anfällig für den Splintholzkäfer. Das Kernholz ist moderat alterungsbeständig und resistent gegen Holzschutzbehandlung.

VERWENDUNG
Wird verwendet in der Möbel- und Kunsttischlerei sowie im Innenbau für hochwertige Paneele, Türen und Treppenhäuser. Ausgezeichnet für Drechslerwaren geeignet. Wird zu Furnierholz verarbeitet.

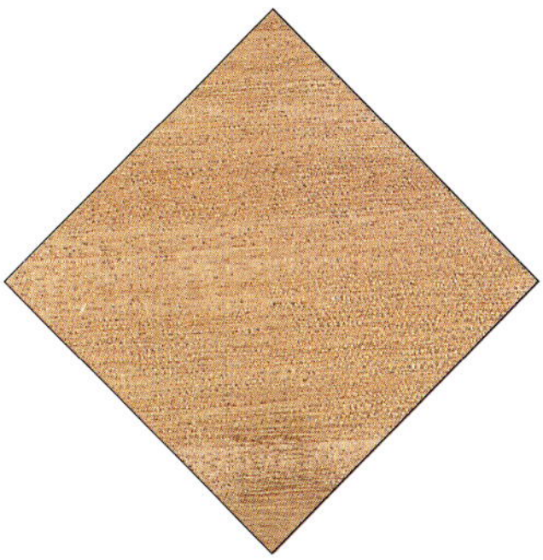

TERMINALIA IVORENSIS Familie: COMBRETACEAE

Framiré

2
2
6
6
4
6
H

VORKOMMEN
Wächst in Guinea, Sierra Leone, Liberia, Ghana, Südnigeria und an der Elfenbeinküste.

ERSCHEINUNGSBILD
Es besteht kaum ein Unterschied zwischen Splint- und Kernholz, das blaßgelb bis rosébraun ist. Gerader Faserwuchs mit einer mittelfeinen, ungleichmäßigen Textur.

EIGENSCHAFTEN
Darrdichte variiert, liegt aber im Durchschnitt bei 470 kg/m^3. Das Holz trocknet schnell, arbeitet wenig und verfügt über geringe Biegefestigkeit, sehr geringe Tragfähigkeit, mittlere Druckfestigkeit, sehr geringe Schlagfestigkeit und sehr schlechte Dampfbiegeeigenschaften.

VERARBEITUNG
Läßt sich leicht von Hand und maschinell bearbeiten und stumpft Werkzeuge nur geringfügig ab. Fasern können sich aber auf radial geschnittenen Flächen aufrichten. Bietet guten Schrauben-, Nagel- und Klebehalt und nimmt nach Verfüllung der Poren Oberflächenbehandlung gut an.

HOLZSCHUTZ
Das Splintholz ist anfällig für Befall durch den Splintholzkäfer, und das Kernholz ist alterungsbeständig und extrem resistent gegen Holzschutzbehandlung.

VERWENDUNG
Wird verwendet für Möbel sowie im gehobenen Innen- und Außenbau für Bodenbeläge, Fenster- und Türrahmen, Fassadenverkleidungen und Schindeln. Wird in der Schreinerei sowie für Baukonstruktionen verwendet. Verarbeitung zu Span- und Furnierholz.

4
4
6
6
5
6
H

TERMINALIA SUPERBA Familie: COMBRETACEAE

Limba

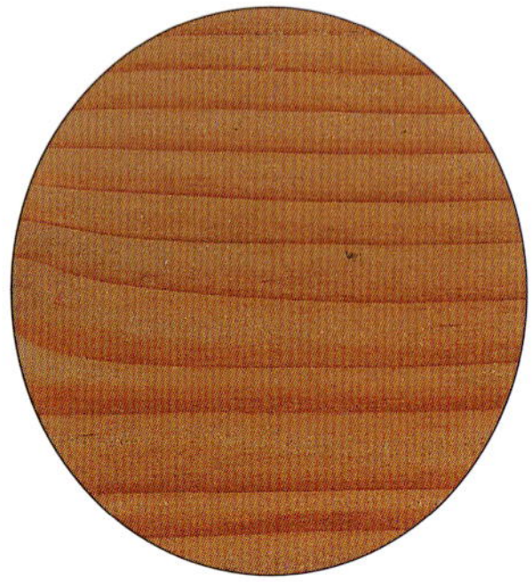

VORKOMMEN
Wächst in West- und Mittelafrika von Sierra Leone bis Kamerun.

ERSCHEINUNGSBILD
Blaßgelbbraunes bis strohfarbenes Kernholz ist als helles Limba bekannt, Kernholz mit grauschwarzen Streifen gilt als dunkles Limba. Gerad- und engfaseriger Wuchs, oftmals wellig, mit mittelgrober, gleichmäßiger Textur.

EIGENSCHAFTEN
Darrdichte liegt bei 400–690 kg/m^3, durchschnittlich bei 520 kg/m^3. Sorgfalt ist bei der Lufttrocknung angebracht, in der Kammer aber trocknet das Holz schnell und mit geringer oder gar keiner Schwindung. Verfügt über geringe Biegefestigkeit und Tragfähigkeit, aber mittlere Druckfestigkeit.

VERARBEITUNG
Läßt sich gut von Hand und maschinell bearbeiten, wobei sich beim Hobeln bei unregelmäßigem Faserwuchs ein reduzierter Anstellwinkel empfiehlt. Holz bietet guten Klebehalt und nimmt nach der Porenverfüllung eine Oberflächenbehandlung hervorragend an. Muß zum Nageln oder Schrauben vorgebohrt werden.

HOLZSCHUTZ
Nicht alterungsbeständig. Das Splintholz ist anfällig für Befall durch den Splintholzkäfer und für Blaufäule. Das Kernholz ist moderat resistent gegen Holzschutzbehandlung.

VERWENDUNG
Helles Limba wird für Möbel sowie im Innenbau und für Fässer verwendet. Dunkles Limba wird zu dekorativen Furnieren für Paneele und Möbel sowie zu Drechslerwaren verarbeitet.

2
2
4
3
2
2
W

THUYA PLICATA Familie: CUPRESSACEAE

Riesenlebensbaum/Rotzeder

VORKOMMEN
Wächst von Alaska bis Südkalifornien und östlich von British Columbia bis Washington, Idaho, Montana sowie bis zu den nördlichen Rocky Mountains.

ERSCHEINUNGSBILD
Das Splintholz ist im Gegensatz zum Kernholz weiß, das von Rötlichbraun bis Rotbraun variiert. Es reift zu Silbergrau. Es ist geradfaserig mit deutlich sichtbaren Wachstumsringen und verfügt über eine gestreifte Textur.

EIGENSCHAFTEN
Darrdichte liegt bei 350 kg/m^3. Dünne Abschnitte trocknen besser als dickere. Holz arbeitet wenig und ist mit geringen Werten in allen Kategorien sowie sehr schlechten Dampfbiegeeigenschaften ausgestattet.

VERARBEITUNG
Läßt sich leicht von Hand und maschinell bearbeiten. Werkzeuge stumpfen nur wenig ab, sollten aber dennoch scharf gehalten werden. Holz bietet guten Nagel- und Klebehalt.

HOLZSCHUTZ
Das Splintholz ist anfällig für den Splintholzkäfer. Das Kernholz ist alterungsbeständig und resistent gegen Holzschutzbehandlung.

VERWENDUNG
Wird als Ausstattungsholz für Möbel, im Innen- und Außenbau sowie als Konstruktionsholz für Treibhäuser, Geräteschuppen, Außenverschalungen und Zäune verwendet. In Europa nur unregelmäßig und in unbedeutenden Mengen erhältlich.

TIEGHEMELIA HECKELII Familie: *SAPOTACEAE*

Makoré

4 | 4 | 6 | 6 | 6 | 7 | H

VORKOMMEN

Wächst in Westafrika u.a. in Sierra Leone, Nigeria, an der Elfenbeinküste, in Ghana und Liberia.

ERSCHEINUNGSBILD

Das Kernholz variiert von rosé bis rötlichbraun. Das Splintholz ist etwas heller. Meistens geradfaserig, aber einige Stämme zeigen ein durchbrochenes Streifen- oder Tüpfelmuster. Die Textur ist wesentlich feiner und gleichmäßiger als die des Mahagonis.

EIGENSCHAFTEN

Darrdichte liegt bei durchschnittlich 600 kg/m^3. Mittlere Trocknungszeit bei geringer Schwindung. Arbeitet wenig und verfügt über mittlere Biege- und Druckfestigkeit, geringe Tragfähigkeit und Schlagfestigkeit, sowie moderate Dampfbiegeeigenschaften.

VERARBEITUNG

Der Kieselerdegehalt stumpft Werkzeuge stark ab, so daß sich hartmetallbestückte Sägen empfehlen. Aufgrund von Haut- und Schleimhautreizungen ist eine effiziente Staubabsaugung notwendig. Neigt beim Nageln zum Aufspalten, bietet aber guten Klebehalt und nimmt Beizen und Polituren hervorragend an.

HOLZSCHUTZ

Das Splintholz ist anfällig für Befall durch den Splintholzkäfer. Das Kernholz ist sehr alterungsbeständig und extrem resistent gegen Holzschutzbehandlung.

VERWENDUNG

Wird für den Möbelbau sowie im Innen- und Außenbau für Fenster, Türen und Verschalungen verwendet, darüber hinaus auch im Schiffsbau. Wird zu Span- und Furnierholz verarbeitet.

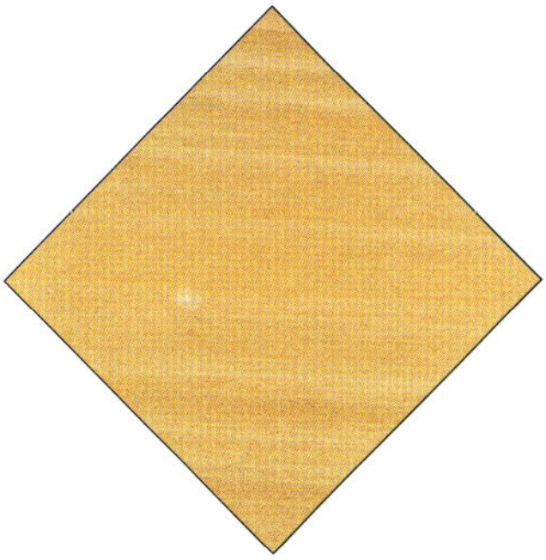

TILIA SPP. Familie: *TILIACEAE*

Linde

4 | 4 | 6 | 4 | 6 | 6 | H

VORKOMMEN

In Europa und Ostasien wachsen mehrere Spezies der Linde. Eng verwandte Spezies sind *T. americana*, die amerikanische Linde, und *T. japonica*, die japanische Linde.

ERSCHEINUNGSBILD

Kein Unterschied zwischen Splint- und Kernholz, das frisch gefällt rahmweiß ist und zu einem blassen Braun nachreift. Das unregelmäßig gefaserte Holz besitzt eine feine, gleichmäßige Textur.

EIGENSCHAFTEN

Die Darrdichte der europäischen Linde liegt bei 490 kg/m^3, die der amerikanischen und japanischen Arten sind etwas geringer. Die Hölzer trocknen relativ schnell mit geringer Schwindung. Die Hölzer arbeiten moderat und verfügen über geringe bis mittlere Biege- und Druckfestigkeit, geringe Tragfähigkeit und Schlagfestigkeit, sowie schlechte Dampfbiegeeigenschaften.

VERARBEITUNG

Lassen sich leicht von Hand und maschinell bearbeiten. Für glatte Oberflächen werden scharfe Werkzeuge benötigt. Bieten guten Nagel- und Klebehalt und nehmen Oberflächenbehandlung gut an.

HOLZSCHUTZ

Das Splintholz ist anfällig für Befall durch den gewöhnlichen Nagekäfer. Das Kernholz ist leicht verderblich, aber permeabel für Holzschutzbehandlung.

VERWENDUNG

Beliebt zum Schnitzen und Drechseln, als Resonanzholz für Musikinstrumente und als Furnierholz.

2 2 4 4 4 3 H

TRIPLOCHITON SCLEROXYLON Familie: TRIPLOCHITONACEAE

Abachi

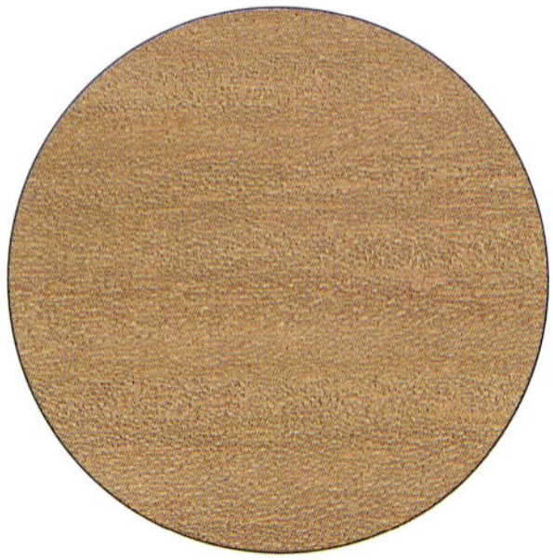

VORKOMMEN
Wächst in ganz Westafrika.

ERSCHEINUNGSBILD
Das Splintholz ist kaum vom cremgelben bis strohfarbenen Kernholz zu unterscheiden. Die Faser ist wechseldrehwüchsig, was auf radial geschnittenen Flächen zu einer Streifenzeichnung führt. Die Textur ist mittelgrob, aber gleichmäßig. Das Holz verfügt über einen natürlichen Glanz.

EIGENSCHAFTEN
Darrdichte liegt bei 350 kg/m^3. Holz trocknet sehr schnell ohne Aufspaltung, kann sich aber geringfügig werfen. Arbeitet moderat und verfügt über geringe Biege- und Druckfestigkeit, sehr geringe Tragfähigkeit und Schlagfestigkeit und moderate Dampfbiegeeigenschaften.

VERARBEITUNG
Läßt sich leicht von Hand und maschinell bearbeiten. Obwohl Werkzeuge nur wenig abgestumpft werden, empfiehlt sich der Einsatz scharfer Klingen mit reduziertem Anstellwinkel. Läßt sich leicht nageln, bietet aber schlechten Halt. Ist gut zu kleben, muß aber vor einer Oberflächenbehandlung leicht verfüllt werden.

HOLZSCHUTZ
Dieses nicht alterungsbeständige Holz ist anfällig für den Bläuepilz, während das Splintholz anfällig für den Splintholzkäfer ist. Das Kernholz ist resistent gegen Holzschutzbehandlung, aber das Splintholz ist permeabel.

VERWENDUNG
Geeignet für den Möbel- sowie für den Innen- und Außenbau, ferner für Musikinstrumente. Mit einer baldigen Erschöpfung der Liefermöglichkeiten ist zu rechnen.

4 4 5 4 6 6 W

TSUGA HETEROPHYLLA Familie: PINACEAE

Hemlocktanne

VORKOMMEN
Dieser nordamerikanische Weichholzbaum wächst in Alaska, British Columbia, dem nördlichen Washington, Idaho und an den Westhängen der Cascades. Wurde auch in Mitteleuropa kultiviert.

ERSCHEINUNGSBILD
Das Kernholz ist cremefarben mit blaßbrauner Schattierung bei geradfaserigem Wuchs mit gleichmäßiger Textur. Glänzt leicht.

EIGENSCHAFTEN
Darrdichte liegt bei 440 kg/m^3. Verwirft sich bei sorgfältiger Trocknung nur minimal. Arbeitet wenig und verfügt über mittlere Biege- und Druckfestigkeit, geringe Schlagfestigkeit und Tragfähigkeit sowie moderate Dampfbiegeeigenschaften.

VERARBEITUNG
Läßt sich gut von Hand und maschinell bearbeiten und stumpft Werkzeuge nur geringfügig ab. Kann gut geklebt, gebeizt, angestrichen und lackiert werden, sollte aber zum Nageln nahe den Brettenden vorgebohrt werden.

HOLZSCHUTZ
Anfällig für Befall durch Holzwespen, das Splintholz besonders für den gewöhnlichen Nagekäfer. Das Holz ist nicht alterungsbeständig. Das Kernholz ist resistent gegen Holzschutzbehandlung.

VERWENDUNG
Wird als leichtes Konstruktionsholz im Innen- und Außenbau, für Bodenbeläge und Deckenverkleidungen und für Drechselwaren verwendet. Wird zu Span- und Furnierholz verarbeitet.

ULMUS SPP. Familie: *ULMACEAE*

Ulme/Rüster

2 2 6 7 4 6 H

VORKOMMEN

Diese Spezies wachsen weitflächig in den gemäßigten Regionen Europas, Westasiens, Nordamerikas und Japans.

ERSCHEINUNGSBILD

Das Kernholz ist für gewöhnlich von stumpfem Braun, oftmals mit rötlicher Tönung und hebt sich durch deutliche und unregelmäßige Wachstumsringe stark vom blasseren Splintholz ab, wodurch eine recht grobe Textur entsteht. Es ist querfaserig und von unregelmäßigem Wuchs. Europäische Ulmen sind eher geradfaserig.

EIGENSCHAFTEN

Europäische und japanische Ulme haben eine Darrdichte von 540 kg/m³, während die Bergulme auf 640 kg/m³ kommt. Das Holz trocknet relativ schnell mit der Tendenz zum Werfen. Es verfügt über geringe Biege- und Druckfestigkeit und sehr geringe Tragfähigkeit und Schlagfestigkeit. Alle Arten verfügen über gute Dampfbiegeeigenschaften.

VERARBEITUNG

Neigt beim Hobeln zum Aufrichten, während Sägeblätter leicht festklemmen. Bietet guten Nagel- und Klebehalt und nimmt Oberflächenbehandlung gut an.

HOLZSCHUTZ

Splintholz ist anfällig für den Splintholzkäfer und den gewöhnlichen Nagekäfer. Nicht alterungsbeständig und moderat resistent gegen Holzschutzbehandlung.

VERWENDUNG

Wird verarbeitet im Innen- und Außenbau und zu Furnierholz.

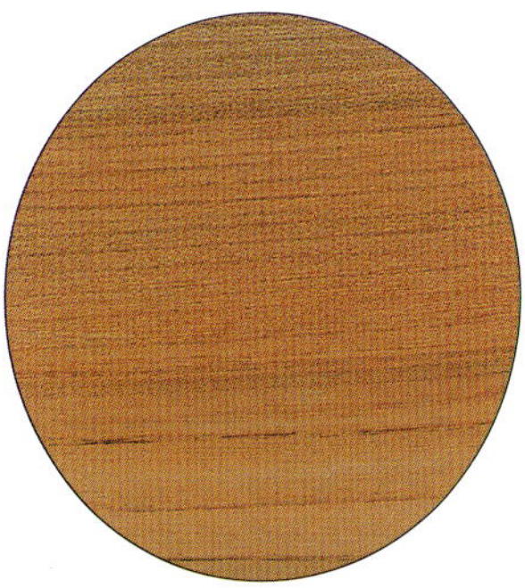

ULMUS THOMASII Familie: *ULMACEAE*

Korkulme

9 2 9 7 6 8 H

VORKOMMEN

Es existieren fünf Spezies der Gattung *Ulmus* in Nordamerika, darunter die Amerikanische Rüster im Osten Kanadas und in der Mitte der USA sowie die Fuchsulme und die Felsenulme.

ERSCHEINUNGSBILD

Das Kernholz ist mittel- bis hellrotbraun bei leicht blasserem Splintholz. Die Felsenulme ist geradfaserig mit mittelfeiner Textur. Die Korkulme ist manchmal wechseldrehwüchsig bei grober Textur.

EIGENSCHAFTEN

Die Darrdichte der Amerikanischen Rüster liegt bei 570 kg/m³, die der Fuchsulme leicht darüber, während die der Korkulme 630–780 kg/m³ beträgt. Das Holz trocknet leicht. Korkulmen verfügen über mittlere Biege- und Druckfestigkeit und sehr geringe Tragfähigkeit. Amerikanische Rüster zeigen hohe Festigkeit, und Korkulmen verfügen über sehr hohe Schlagfestigkeit. Alle Arten besitzen sehr gute Dampfbiegeeigenschaften.

VERARBEITUNG

Lassen sich recht leicht von Hand und maschinell bearbeiten. Werkzeuge stumpfen nur mäßig ab. Bieten guten Nagel- und Klebehalt und nehmen Oberflächenbehandlung gut an.

HOLZSCHUTZ

Splintholz ist anfällig für Befall durch den Splintholzkäfer, aber resistent gegen Pilzbefall. Das Holz ist nicht alterungsbeständig und nur moderat resistent gegen Holzschutzbehandlung.

VERWENDUNG

Wird im Schiffsbau sowie als Spezialholz für Sportgeräte verwendet. Wird zu Furnierholz verarbeitet.

Register